我
们
一
起
解
决
问
题

工厂管理"书+课"系列图书

制造企业班组长综合管理能力提升手册

视频讲解版

杨 华◎主编

人民邮电出版社

北 京

图书在版编目（ＣＩＰ）数据

制造企业班组长综合管理能力提升手册：视频讲解
版 / 杨华主编. -- 北京：人民邮电出版社，2022.7
（工厂管理"书+课"系列图书）
ISBN 978-7-115-59321-4

Ⅰ．①制… Ⅱ．①杨… Ⅲ．①制造工业－工业企业管
理－班组管理－手册 Ⅳ．①F407.406.6-62

中国版本图书馆CIP数据核字(2022)第086014号

内 容 提 要

在经济全球化的今天，实施精益管理已经成为企业做大、做强的根本途径，培养掌握精益理念和精益技能的员工，已经成为企业战胜竞争对手的优势来源。本书从精益管理的角度分析了班组长在日常管理当中所要关注的主要工作内容，对班组长的岗位认知，如何有效管理班组员工、进行班组计划管理、实现高效生产管理、把控班组生产质量、管理班组生产设备、有效控制班组成本，以及打造零事故班组进行了详细介绍，能够帮助班组长全面提升综合管理能力。

本书适合制造企业生产一线的班组长、操作人员，生产现场的管理者，以及与产品质量、安全生产相关的各岗位人员阅读。

◆ 主　编　杨　华
　　责任编辑　唐可人
　　责任印制　彭志环

◆ 人民邮电出版社出版发行　　北京市丰台区成寿寺路 11 号
　　邮编　100164　　电子邮件　315@ptpress.com.cn
　　网址　https://www.ptpress.com.cn
　　涿州市般润文化传播有限公司印刷

◆ 开本：700×1000　1/16
　　印张：15　　　　　　　　　　　2022年7月第1版
　　字数：280 千字　　　　　　　　2025年11月河北第7次印刷

定　价：69.00元

读者服务热线：（010）81055656　印装质量热线：（010）81055316
反盗版热线：（010）81055315

前言
Preface

制造业是国民经济的主体，是立国之本、兴国之器、强国之基。党的十九大报告明确指出要加快建设制造强国，加快发展先进制造业。建设制造强国，需要继续做好信息化和工业化深度融合这篇大文章，推进智能制造，推动制造业加速向数字化、网络化、智能化发展。制造强国战略明确提出，要"以加快新一代信息技术与制造业深度融合为主线，以推进智能制造为主攻方向""实现制造业由大变强的历史跨越"。

可以预见的是，国家大力扶持智能制造、制造转型，势必给众多产业带来新一轮的发展机遇。当前，"制造强国"已进入全面部署、加快实施、深入推进的新阶段，企业实现智能转型的愿望迫切。

精益生产管理方式是目前公认的较适合我国国情的一种提升企业效益的有效手段，但目前企业的应用状况却不尽人意，原因之一是企业管理者专业知识不够，并且学习到的方法缺乏实战性，同时缺乏推行精益生产的实用工具，精益管理大多停留在思想或理念层面。

基于此，"制造强国"工厂管理水平升级项目研发中心，邀请制造业实战专家，从精益管理角度开发了工厂管理"书＋课"系列图书，旨在为提高制造企业的精益管理水平发挥应有的作用。该系列图书内容涵盖了生产一线管理的各个方面，其中，《制造企业班组长综合管理能力提升手册（视频讲解版）》一书包括 TWI 与班组长、班组长的岗位认知、有效管理班组员工、班组计划管理、高效生产管理、管好班组生产质量、管好班组生产设备、有效控制班组成本、打造零事故班组等内容，帮助企业培养优秀的一线管理人员。

由于编者水平有限，书中难免存在疏漏与不妥之处，敬请读者批评指正。

编者

目录
Contents

　　班组长是指在生产现场，直接管理10名左右的生产一线员工，并对其生产结果负责的一线管理人员。班组长的管理权限因企业规模及行业的不同而有所不同。班组长也被称为组长、班长、领班、拉长等。班组长往往是从基层优秀员工中选拔上来的，成为班组长的员工对自己的角色、岗位职责及班组长岗位能力要求都需要有一个新的认知。

第二章　有效管理班组员工 21

班组长是基层管理人员，需要对班组员工的调配、排班、考勤、培训、情绪等进行管理。想要更有效地对班组员工进行管理，班组长首先要对每个组员进行深入了解，然后有针对性地实施有效的管理措施。

计划管理是有目标、有策略、有步骤地完成生产任务指标，达到预期目的的重要方法之一。班组长（有时是班组长指定的组员）是班组计划管理实施的责任人，通过制订、执行、检查、调整计划，能够使班组工作围绕企业总体目标高效开展，最终顺利完成企业要求的各项生产经营指标。

第四章　高效生产管理

生产管理是对企业日常生产活动的计划、组织和控制，是和产品密切相关的各项管理工作的总称。班组生产管理是班组长以班组的生产活动为对象进行的管理。班组生产管理的任务是根据车间或工段下达的生产作业计划，运用人力、物力、财力、技术、知识、信息等一切可利用的资源，保证按照一定的品种、质量、数量、成本、时间等要求完成生产任务。

第五章　管好班组生产质量

班组是企业产品的直接生产单位，是产品质量的直接监控者，其工作开展得好坏，直接影响到产品质量的优劣，而产品质量的优劣，又决定着企业的竞争力和经济效益，决定着企业的生存和发展。因此，抓好班组的生产质量也是班组长的一项重要工作。

第六章　管好班组生产设备 ·····················**135**

设备是为保证正常生产所配置的技术装备，仪器，仪表，试验、检测、控制设施等的总称。班组作为设备的使用部门，对设备的管理要做到正确使用、精心养护、科学维修，使设备始终处于良好的技术状态，提高设备的综合效能，保证安全生产，使企业取得良好的投资和经济效益。

第七章　有效控制班组成本 153

企业要想控制成本、节能降耗、提质增效，就应该重点抓好基层班组的成本管理。因为班组是生产企业的最基层管理单元，企业90%以上的生产制造成本都发生在班组。班组成本管理是企业成本管理最基础、最直接也是最有效的途径。

第八章　打造零事故班组 ························**183**

安全是生产的基石，零事故安全管理就是真正将"安全第一"落实到执行层面。没有安全保障，生产就不能顺利进行，因此，班组必须将安全生产放在第一位，要时时刻刻将员工的生命安全放在首要位置。

TWI 与班组长

一、何谓 TWI

TWI 是 Training Within Industry 的英文首字母缩写，即"督导人员训练"，亦称"一线主管（班组长）技能培训"。

1950 年，日本产业界将 TWI 引入日本，并由日本通产省、劳动省和经济团体联盟出资，于 1955 年 7 月 13 日成立了日本产业训练协会，该协会是日本经济团体联合会的关联团体，主要培养企业内指导讲师、研究和开发培训管理人员的方法等。TWI 传播到日本后，被发扬光大，成为企业今日所熟悉的管理训练课程。TWI 充分体现了精益管理思想，可以说是精益管理的开端。

TWI 的主要内容如图 1 所示。

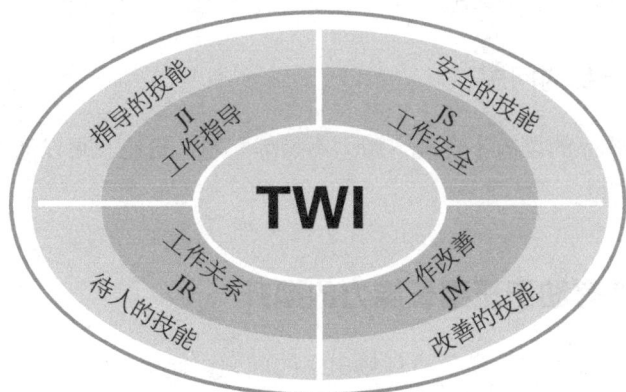

图 1　TWI 的主要内容

工作教导（JI）——使班组长能够按照有效的程序，清楚地指导班组员工正确的工作方法，使班组员工快速接受正确、完整的指令。

工作改善（JM）——使班组长能按照合理的程序，思考现场工作中的问题与不足，并提出改进方案，提升工作效率。

工作关系（JR）——使班组长与班组员工建立良好的人际关系，当班组员工出现人际或心理上的问题时，班组长能冷静分析、合理解决。

工作安全（JS）——使班组长学习如何避免伤害事故发生的对策和方法。

TWI是一套成熟、简单、实用、有效的训练课程，可协助企业建立工序、落实管理，实现稳定成长。

二、TWI 能为班组长解决什么问题

生产现场存在的问题大致可分为两类：关于人的问题、关于物的问题。TWI就是帮助班组长带着问题意识去认识和解决这些问题。

（一）关于人的问题

一线员工必须具备三个重要条件：知识、技能、态度。

如果一线员工知识不足，技能不熟练，就不能胜任岗位的工作，还有可能造成工作延误和质量低下等问题。班组长可以通过TWI中的JI解决这些问题。

另外，如果一线员工没有正确的工作态度，就可能对工作缺乏热情，不遵守规章制度，甚至破坏工作现场的和谐氛围，最终导致工作无法完成。这类问题班组长可以通过TWI中的JR来解决。

（二）关于物的问题

生产现场物品的摆放不合理，搬运不易等问题，班组长可以通过TWI中的JM和JS来解决。

三、TWI 有助于班组长能力的提升

班组长需要处理自己所负责现场出现的问题，使工作能够顺利、有效地进行。要完成这一职责，班组长需具备以下五个条件，而TWI正有助于班组长达成这五

个条件。

（一）岗位中的知识

班组长要了解所在岗位的专业知识、相关责任及权限。在如今这个瞬息万变的时代，班组长对自己工作岗位中的专业知识方面的更新要及时了解和掌握，同时充分理解自身岗位承担的职责和拥有的权限。

（二）指导的技能（TWI-JI）

班组长要掌握指导班组员工的技能。这不但能将自己的经验传授给他人，还能减少生产中的浪费，降低不合格率和返修率，从而提高产品质量，减少客户投诉。

（三）待人的技能（TWI-JR）

班组长要有处理生产现场人际关系的技能。这是一种能够了解班组员工，充分考虑形势，协调人与人、人与现场的关系，营造愉快的工作环境的技能。

（四）改善的技能（TWI-JM）

班组长要具备对生产现场的作业内容进行改善的技能。通过对细分作业内容的研究使作业变得简单，调整合适的作业顺序，或将作业重新进行组合等，以提高资源和设备的利用率，优化人员的分配。

（五）安全的技能（TWI-JS）

班组长要具有发现生产现场安全隐患并对其做出改善的技能。安全与生产相互依存，只有保证生产现场人员和环境的安全，才能保证生产的顺利进行。

第一章

班组长的岗位认知

班组长是指在生产现场,直接管理10名左右的生产一线员工,并对其生产结果负责的一线管理人员。班组长的管理权限因企业规模及行业的不同而有所不同。班组长也被称为组长、班长、领班、拉长等。班组长往往是从基层优秀员工中选拔上来的,成为班组长的员工对自己的角色、岗位职责及班组长岗位能力要求都需要有一个新的认知。

第一节　班组长的角色认知

班组长是班组安全生产的第一责任人。班组长虽说是"兵头将尾"，但所起的作用不可低估，其一方面要上情下达，另一方面又要带领班组员工开展具体工作，从某种程度上来说班组长的素质和能力直接影响了班组的生产水平和工作绩效。

一、班组的概念及特点

现代企业的管理结构一般都是三角形结构，基本上可以分为三层，即决策层（高层）、执行层（中层）、操作层（基层）。班组即为基层组织。

班组是企业中的基本作业单位，是企业内部最基层的劳动和管理组织。在一般企业里，班组长不算"管理人员"，但实际上，班组长基本具备了管理人员的管理职能。因此，班组长也被称为"兵头将尾"。

班组具有以下特点。

（1）结构小：班组为企业最基层单位，结构最小，不能再分。

（2）管理全：质量、安全、生产、工艺、劳动纪律等管理工作俱全。

（3）工作细：班组工作非常具体，需要班组长耐心、细致。

（4）任务实：企业所有管理内容最终都要落实到班组。

（5）群众性：班组工作是一项群众性很强的活动，需要班组长团结班组员工，集中大家的智慧和力量。

二、班组长在生产管理中的地位

一个班组中的领导者就是班组长，班组长是班组生产管理过程中的指挥官和组织者，也是企业中最基层的负责人。班组管理是指为完成班组生产任务而必须做好的各项管理活动，即充分发挥全班组员工的主观能动性，调动班组员工的生产积极性，合理地组织人力、物力，充分地利用各方面信息，团结协作，使班组生产均衡有效地进行，达到"1＋1＞2"的效果，最终做到按质、按量、如期、安全地完成上级下达的各项生产计划指标。

（一）班组长的作用

班组是企业的最小生产单位，班组管理是企业管理的基础。班组直接承担着一定的生产任务，因此班组长有三个重要作用。

（1）班组长影响着企业生产决策的实施。如果执行不力，再好的决策也很难落到实处。

（2）班组长既是承上启下的桥梁，又是班组员工联系上级的纽带。

（3）班组长是生产的直接组织者，也是一线的劳动者，所以班组长既是技术骨干，又应该是业务上的多面手。

（二）班组长的立场

在实际工作中，如果没有班组长的有力支持和密切配合，那么经营者的决策做得再好，也很难落实。班组长既是生产的组织者，也是生产的直接参与者。

班组长的特殊角色决定了他的三个立场。

（1）面对班组员工应站在经营者的立场上说话。

（2）面对经营者应站在反映班组员工呼声的立场上说话。

（3）面对直接上级应站在班组员工和上级辅助人员的立场上说话。

三、班组长的权限

在班组日常管理中，班组长拥有八大权力。

第一，班组长具有指挥管理权。

第二，班组长具有劳动组织权。班组长有权对本班组的劳动力进行调配；有权改善班组设置，实行优化组合；有权批准班组员工一定范围内的假期，安排顶班倒休；有权监督班组员工遵守劳动纪律的情况，维护生产的正常秩序。

第三，班组长具有制度完善权。班组长有权制定贯彻上级指示的管理实施细则，落实各种工作制度和责任制度。

第四，班组长具有违章制止权。班组长有权制止班组员工的违章操作，拒绝上级的违章指挥。

第五，班组长具有奖惩建议权。

第六，班组长具有奖金分配权。

第七，班组长具有举才推荐权。

第八，班组长具有权益维护权。班组长有权维护班组员工的合法权益。

四、如何准确把握自己的角色

班组长要代表三个立场：对下代表经营者的立场；对上代表生产者的立场；对待直接上级既代表生产者的立场，同时又代表上级的辅助人员的立场。

如果班组长不清楚这些立场，也不知道自己究竟有多少权利、义务、职责，不知道自己在工作中应扮演何种角色，那么就无法发挥班组长的作用。

（一）了解上级的期望

作为下属，必须准确地理解上级的指示、了解上级的行事风格，否则将出现费了力气反而没有达到应有效果的情况。当然，有更好的提议时，要选择在适当的时机提出，让上级比较全面、准确地了解问题，从而采纳提出的建议。

（二）了解班组员工的期望

班组员工对班组长有以下几个方面的期望，如图1-1所示。

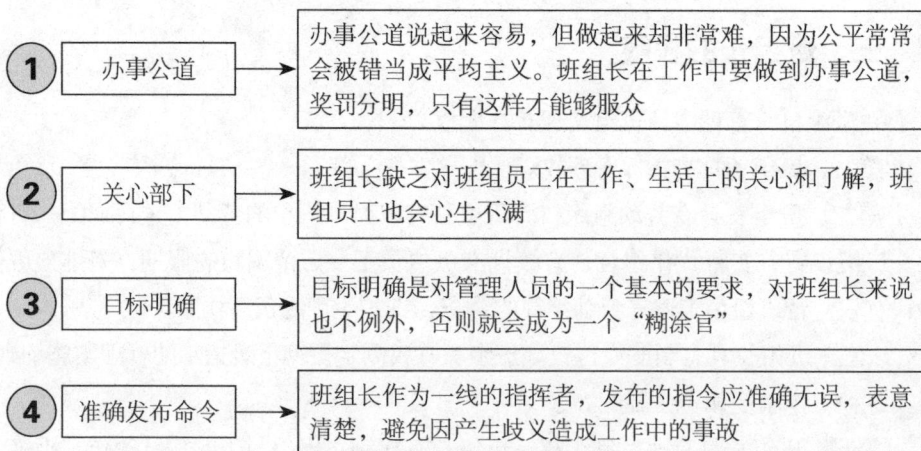

1	办事公道	办事公道说起来容易，但做起来却非常难，因为公平常常会被错当成平均主义。班组长在工作中要做到办事公道，奖罚分明，只有这样才能够服众
2	关心部下	班组长缺乏对班组员工在工作、生活上的关心和了解，班组员工也会心生不满
3	目标明确	目标明确是对管理人员的一个基本的要求，对班组长来说也不例外，否则就会成为一个"糊涂官"
4	准确发布命令	班组长作为一线的指挥者，发布的指令应准确无误，表意清楚，避免因产生歧义造成工作中的事故

图1-1 班组员工对班组长的期望

| 5 | 及时指导 | → | 班组长应在工作中及时对班组员工进行指导 |
| 6 | 需要荣誉 | → | 班组长应把荣誉分给大家，班组内劳动模范越多，代表班组长的工作就做得越好 |

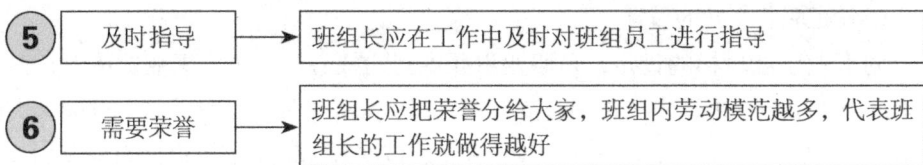

图1-1 班组员工对班组长的期望（续图）

五、班组长的职业生涯发展

随着自身的技术和管理技能的不断提升，班组长也会希望获得职务上的提升、薪水上的提高。那么，班组长该如何对自己的职业生涯进行规划呢？

（一）班组长的职业前景

有人认为，班组长的前途并不乐观，一辈子可能只会在生产现场"打滚"了，其实不然，有许多知名的企业 CEO 就是从基层班组长干起来的。所以，作为一名班组长不必悲观，只要肯努力，一定会有职务提升和薪水提高的机会。图1-2是企业常见的班组长职务晋升途径。

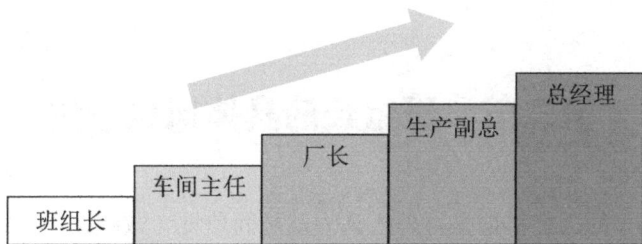

图1-2 企业常见的班组长职务晋升途径

（二）规划职业生涯的步骤

要想获得好的发展，必须主动对自己的职业生涯进行规划，以下是进行职业生涯规划的常用步骤。

1.自我评估

自我评估的目的，是认识自己、了解自己。自我评估的内容包括自己的兴趣、特长、性格、学识、技能、智商、情商、思维方式、道德水准及社会价值，等等。

2. 设定职业生涯的目标

对职业生涯目标的设定，是职业生涯规划的核心。一个人事业的成败，很大程度上取决于他是否设定了正确、适当的目标。人如果没有目标，就如同驶入大海的孤舟，四野茫茫，不知道自己前进的方向。目标犹如海上的灯塔，引导人们走向成功。

如果你想在某个行业或某个企业发展下去，就必须对该行业或企业的职位设计有充分的了解，并以其中的一些职位作为目标来规划自己的职业生涯。

3. 制订行动计划

在确定了职业生涯目标后，就到了行动这一关键环节。这里所指的行动，是指落实目标的具体措施，主要包括工作、训练、教育、轮岗等。例如，为达成目标，在工作方面，你计划采取什么措施提高你的工作效率；在业务素质方面，你计划学习哪些知识、掌握哪些技能提高你的业务能力，等等，这些都要有具体的行动计划。

4. 评估与修订

俗话说："计划赶不上变化。"影响职业生涯规划的因素诸多。要使职业生涯规划得到落实，就要不断地对职业生涯规划进行评估与修订。修订内容包括职业的重新选择，职业生涯路线的重新规划，人生目标的修正，行动计划的变更，等等。

第二节　班组长的具体岗位职责

说到班组长的工作，很多行外人认为就是简单地"做做工、管管人"，没有什么技术可言，只要能吃苦，就可以上岗，就可以做好。诚然，吃苦耐劳是班组长应具备的一个重要条件，但班组长的工作并不如此简单，尤其在大型企业。先来看一则关于班组长的招聘说明。

案例

深圳某电子企业班组长招聘说明

一、工作职责

1. 根据车间主任的工作指令，安排本班组的产品生产。

2. 检查本班组生产完成情况，负责本班组的生产数据统计与生产调度，以及本班组与前后道工序的产品交接。

3. 负责本班组生产过程的工艺控制与质量控制，保证产品达到质量要求。

4. 负责本班组的安全与现场综合管理，使班组运转达到管理标准。

5. 协助车间主任、设备与安全管理主任，保证本工序设备的完好，满足生产与质量的要求；协助编制设备检修与维修计划，并协助计划的组织实施。

二、任职要求

1. 高中或技校毕业。

2. 具有一年以上制造企业班组管理经验。

3. 掌握本工序的工艺技术参数与操作要点，熟练本工序的操作方法，熟悉本工序的设备性能。

4. 了解失蜡精密铸造相关知识者优先。

5. 掌握技术方面英语者优先。

由这则招聘说明可知，班组长在日常工作中需要协调很多事宜，班组长的工作职责和工作内容如下。

一、现场确认

班组长每天到岗的第一件事，就是去生产现场。为了更好地掌握现场和上一个班组的状况，班组长最少要提前 15 分钟到达现场，从质量、产量、交货期、人员、设备、材料、方法、环境等方面掌握上一个班组的状况，做到上班之前就对工作安排心中有数，意外事情提前联络、及时处理。

二、工作交接

（一）工作预交接

班组长提前到达现场的目的就是把握状况，进行工作的预交接，提高班前会安排的针对性和有效性。

例如，班组长发现上一个班的某台设备正在维修中，且看来不能马上修好，班组长就要提前介入，掌握状况，尽快接手，根据实际情况调整当日的工作安排，避免由于交接不及时带来时间和进度的损失。

一般来说，熟练的班组长最少要提早15分钟到达生产现场，新上任的班组长最好提早半小时到达生产现场。

（二）正式工作交接

工作交接也称"交班"，一般发生于在相同作业场所、执行同一个生产计划、使用相同设备进行交替作业的班组之间，由前后相连的出勤班组长及其上级共同完成。根据实际需要，有时班组骨干或相关作业人员也需要参与。

（三）交接管理是状态管理

前后勤务的工作交接是班组长的基本工作任务，目的是确保工作的顺畅进行，避免因信息不畅而阻碍工作。

对交班的班组长而言，完成工作交接后才能算当日工作完结，这是对交接班做状态管理而非时间管理。接班的班组长必须在交接之后将当班的工作安排妥当，尤其是对产品要求、现场变化点的应对、转产安排等重要事项要做到心中有数。

三、班前会

高效率地召开班前会是班组高效率工作的重要保障。班组长在上班前首先召开班前会，确认当班人员的出勤情况，总结前一天的工作，布置当天的工作并进行人员调配，进行工作指导和人员教育。

四、生产确认

利用班前会安排好班组工作后，班组长必须对生产安排的落实情况进行现场确认，之后员工各就各位开始工作。

生产确认的内容

生产现场的确认包括以下方面的内容。

（1）生产的型号是否正确。

（2）作业人员是否到位。

（3）相关人员对当班的生产数量是否清楚。

（4）现场的材料是否正确堆放。

（5）设备是否正常。

（6）工艺条件和作业标准是否遵守相关规定。

（7）质量是否经过首检。

（8）实际转产时间及转产工作是否安排好。

五、质量巡检

质量巡检是班组长日常工作的重要内容之一，其实质是检查标准化作业的实施情况。在质量巡检过程中，尤其要加强对质量记录的确认，通过质量记录把握一线员工的作业状态。

六、变化点管理

变化点管理是现场管理中的重要内容，其目的是预见性地发现问题，在事故、故障和损失出现之前主动采取改善行动。现场变化点的管理一般从六个方面进行，具体如表1-1所示。

表 1-1　现场变化管理要点

项目	把握要点	项目	把握要点
人员	标准化作业遵守情况 个人情绪与精力 岗位与技能	方法	工装夹具状态 设备状态 工艺条件适合性
机器	一级保养状况 性能与精度 基本工作条件是否具备 磨损与寿命管理	环境	现场 5S 状况 现场作业照明状况 现场安全管理 人性化作业配置
物料	型号、外观、尺寸 批次、厂家 管理状态 使用状况	进度	实际进度 转产安排调整 转产准备 联络协调

七、异常应对

生产现场异常的情形有很多种，有的是行为异常（如违章、违纪、违反规范），有的是状态异常（如偏差、事故、隐患），发现异常后班组长要善于区分不同的情形和程度，采取恰当的行动。

（1）按异常的严重程度和可能造成的损失大小，该即时纠正的，要立即指示纠正，直到消除异常；该停产调整的，要立即停机进行解决；需要计划性纠正的要明确具体的计划和相关安排，并跟踪落实。

（2）按异常内容涉及的职能分工，本班组能够独立解决的问题要立即行动、全力解决；需要跨部门解决的问题，要用合理的方法争取相关部门的支持，快速行动、共同解决；必须委托别的职能部门解决的问题，要充分说明问题的重要性和紧迫性，全力争取对方的理解和支持，尽快解决问题，同时本班组要做好跟踪、辅助工作。

需要班组长注意的是，不同情形下的资源运作方式不同。例如，必须委托别的职能部门解决的问题，也许只和对方打好招呼是不够的，可能还要进行书面联络。

八、交流、联络和协调

在一天的工作中，班组长应该结合具体业务，充分利用业务带来的机会进行跨部门、跨级别的沟通、向上报告、横向联络、参加会议、协调关系、通报信息、商量工作，把解决问题放在第一位。

九、填写报表

根据当天的实际情况，班组长需要按要求填写相关报表，记录生产、质量、员工出勤、工作效率和班组其他工作情况。日常报表是有关分析数据的重要统计来源，是班组目标管理的重要基础，也是今后进行追溯性管理、业务分析和课题改进的基础资料。应该强调的是，报表的填写要准确、及时，内容要尽量数字化、具体化，避免大而空的形式主义。

班组工作报表填写不一定全部由班组长进行，可以充分利用领料员等助手和骨干分工进行，但班组长要全面把握和确认，确保填写的内容无误。

十、工作总结及交班

在报表填写的同时，班组长要综合过程信息和报表数据，对当天的工作进行总结，总结内容包括以下几项。

（1）与计划、目标对比，是否完成任务，是否达到目标。

（2）与正常状态对比，是否有变化，是否有异常。

（3）当天工作出现过哪些问题，解决对策及结果如何。

（4）当天工作有无遗留问题或事项。

（5）交班时需要向下一班提醒哪些事项。

（6）评价当天的员工表现，明确第二天班前会时要做的指导工作。

做好当天工作总结的同时，班组长还要按照要求做好交班记录和交班工作，顺利完成交接，做到"不留尾巴"，这样才能安心下班。

案例1

深圳××公司生产车间班组长一天的工作状况

时间	内容	备注
8：00～10：00	1. 提前5分钟到岗 2. 召开班组晨会 3. 对机械设备、治工具的运作状况进行检查并确认结果 4. 对机器等进行精度测定确认 5. 进行现场巡视	
10：00～12：00	1. 向上级报告生产状况等事宜 2. 处理后勤事务 3. 把握生产进展情况 4. 对进行中的生产进行状况检查 5. 对质量和异常状况进行收集和反馈，发生异常时采取对策，及时处理 6. 适时与组员进行沟通，午休、下班前确认设备关闭	
13：00～18：00	1. 对上午生产实绩进行全面把握，对机械设备、治工具不符合点的维修状况进行检查 2. 对作业培训实施情况和作业状况进行确认跟踪 3. 把握下午的生产实绩 4. 下班时对生产实绩及生产诸数据进行确认、汇集和报告 5. 轮班传达事项的确认 6. 下班前对防护用具的收回放置、工具的点检、现场清扫进行确认 7. 召开班组晚会，确认第二天的工作事项及安全问题	

案例2

深圳××公司班组长一周的工作状况

项目	内容
实施现场教育	1. 对各项管理技术及新产品组装的学习，进行安全防身训练，对设备导入培训等现场必要训练计划的实施 2. 和车间主任共同对员工进行工作和技术上的指导

（续表）

项目	内容
出席工作效率提高会议	1.会议之前进行资料的收集和整理，以便在开会时能提出提高生产效率、降低生产成本的合理建议 2.根据会议内容，选定出席人员，例如，让生产技术人员参加标准时间项目等
提案审查	1.A、B 两班的提案一起进行确认 2.时时查看，现场确认
周报	整理本周工作中的关键数据
出席试做展开说明会议	包括现物确认等内容
出席各种研修会和突发会议	就会议主题交流和总结工作现场管理经验
与技术人员讨论	就质量、设备、工装夹具的问题点，研究和讨论现场应对的方法

第三节　班组长的岗位要求

一名出色的管理人员，靠的不是管理的天分，而是对管理能力的培养。对班组长能力与心态的要求如下。

一、能力要求

（一）专业能力

在所在班组内，班组长对自己的业务娴熟，能够指导班组员工并向上级提供建议，这是开展工作必须具备的能力，随着工作经验的积累，其专业能力会逐步得到提高。班组长作为基层管理人员，专业能力特别重要，如果固守自己的思想，不愿意深入学习专业（行业）知识，就会跟不上新技术的发展，从而很难管理好技术上的问题。

（二）目标管理能力

班组长在处理业务时，要设定主题、时限、数量等具体的目标，提高班组员工的参与意识，具备使 P（计划）—D（实施）—C（检查）—A（行动）这一循环周而复始的能力。

（三）问题解决能力

班组长要具有发现问题和预防问题发生的能力，一旦发现妨碍目标达成或业务开展的问题，立即分析现状，找到原因；善于针对提出的问题，全方位思考对策，并提出可行方案直至解决工作中的问题。

（四）组织能力

为了达成班组的生产目标，班组长要能根据班组每位员工的特点进行任务分解，发挥全班组的能力，同心协力，使班组运作达到 1+1 > 2 的效果。

（五）沟通能力

良好的沟通协调能力能减少摩擦、融洽气氛、提高士气，有助于构筑良好的信赖关系，这是班组长不可或缺的能力。沟通能力也会随着工作经验的积累逐渐提高。

（六）倾听能力

很多班组长都有这样的体会，当一位因感到自己所受待遇不公而愤愤不平的班组员工找到自己时，班组长只需认真地听他倾诉，甚至不需做出什么决定来解决此事，班组员工的情绪就可以得到缓解。这就是倾听的好处。因为每个人都希望受到重视，并且都有表达自己意见的诉求，友善的倾听者自然会成为受欢迎的人。

（七）幽默能力

班组长进行管理的目的是使班组员工能够准确、高效地完成工作，在轻松的工作氛围中更容易达到这一目的。幽默可以使工作气氛变得轻松，使人感到亲切；在一些令人尴尬的场合，恰当的幽默可以缓解气氛；幽默地批评班组员工，既不会使员工感到难堪，又能让员工体会到人文关怀。

（八）激励能力

要让班组员工充分发挥自己的才能努力工作，就要把员工的"要我去做"变成"我要去做"，实现这种转变的最佳方法就是对员工进行激励。班组长用激励而非命令的方式安排员工的工作，更能使员工体会到自己的重要性和获得工作的成就感。会让员工更乐意接受工作安排，并能使员工更加愿意服从管理。

优秀的班组长不仅要善于激励员工，还要善于自我激励。通过自我激励，可以把压力转化成动力，增强工作成功的信心。

（九）指导能力

为了顺利地展开日常业务，班组长要向班组员工传授必要的知识及工作方法；指出员工在意识和行动上的不足之处；使员工理解业务的定位、重要性，提高他们的工作积极性。

（十）培养员工能力

对员工的培养是班组长的重要任务之一。培养班组员工要熟悉他们的需求，在工作中让他们自由发挥自己的长处，使他们的成就感与工作能力能够长期地有计划地得到提高。

（十一）情绪控制能力

一个成熟的班组长应该有较强的情绪控制能力。当一个领导者情绪很糟的时候，很少有员工愿意向其汇报工作，因为担心他的坏情绪会影响到他对自己和工作的评价。所以，作为班组长，一定要控制好自己的情绪。

（十二）自我约束能力

在工作中，班组长要有克服懒惰心理、按计划和要求完成工作的自我约束能力，能给班组员工起到带头作用。

（十三）概括提炼能力

发现问题、了解问题、把握问题的本质，从问题中提炼要点，从而找出解决方案，是每个班组长应该具有的能力。

二、心态要求

（一）主动心态

主动心态就是以自我为主体开展工作和班组管理，变"要我做"为"我要做"。主动心态还反映在班组管理中的资源意识，将周围的环境都当作可以利用的资源，活用周围的资源为班组管理服务。

（二）积极心态

积极心态就是要求班组长碰到事情总是能从积极的角度去考虑，有了成绩可以总结经验，推而广之；出了问题可以及时整改，举一反三，防微杜渐。"一切的存在都是有利的"，有了这样的想法，又怎么会怕出问题呢？

（三）求变心态

不变是暂时的，变化是永恒的。求生存、谋发展，就要主动求变。

改变自己才能改变别人，创造变化才能争取主动。班组长不但不能拒绝变化，而且要适应变化，并主动创造变化，在变化中不断提升自己。例如，让自己由技术型人才向管理型人才转变，由经验型人才向知识型人才转变。只有主动改变、主动顺应发展的需要，才能掌握职业发展的主动权，否则，迟早会被淘汰。

（四）学习心态

"三人行必有我师"，班组长要保持学习心态，用欣赏的眼光看人，带着求知的心态做事，带着讨教的心态对人。同事之间取长补短、相互学习、共同提高。

班组长不仅要善于培养人，善于和优秀的人一起工作，还要善于学习优秀的人的工作经验。

（五）自省心态

没有反省就没有进步。班组长在碰到问题时应首先进行自我反省，从自己身上找原因，在平时的工作中经常反省自己的失误和不足，在自省中寻求改进。

第二章

有效管理班组员工

班组长是基层管理人员，需要对班组员工的调配、排班、考勤、培训、情绪等进行管理。想要更有效地对班组员工进行管理，班组长首先要对每个组员进行深入了解，然后有针对性地实施有效的管理措施。

第一节　定岗定员管理

定岗定员是班组组织建设的重要方法，在此基础上，对班组员工的出勤状况和技能状况进行动态把握，同时做好员工的后备管理和补员工作，只有如此才能在人才大流动的情况下保证班组的正常运转。

一、班组定岗管理

班组定岗是指班组根据生产工艺和班组职能管理的需要，做出明确的岗位设定和技能要求，来确定人员编制的管理方法。如果生产的产品型号变化会带来弹性用工需求的话，则要求班组明确需求变化的规律。

（一）根据工艺确定生产岗位

专业研究表明，一个人能有效管理的直接人数为 10 人左右，所以一个班组的人数设定以 5 ~ 8 人为宜。企业应根据这一特点以及生产工艺流程的需要，合理设置班组人数。

设置班组后，根据生产工艺确定生产岗位，并根据作业内容配置相应的人数。一般来说，一个岗位配备一名作业人员，某些产品有特殊的工艺要求，需要临时增加人员的，也应在班组员工编制上事先予以明确，这样班组才能应对紧急用工需求。

（二）按需设置职能管理岗位

一般来说，生产班组的职能管理工作包括计划管理、物料管理、质量管理、考勤管理、设备管理、5S 管理、安全管理、成本管理、低值易耗品管理等，这些职能管理工作可以根据班组大小和工作量多少采用不同的方式进行，如图 2-1 所示。

所有职能管理均由班组长负责	大部分职能由班组长负责，工作量特别大的某个职能设定辅助岗位，如物料员等	设班组长、副班组长或辅助岗位，分别负责不同的职能

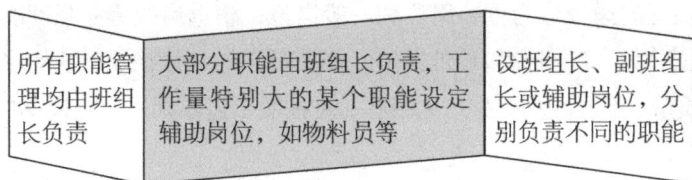

图 2-1 职能管理岗位设置的三种方式

不同的岗位对技能和资格的要求也不一样，所以班组定岗不仅是对人数的要求，而且是对技能、资格匹配的综合要求。

二、班组定员管理

班组定岗之后，班组的标准人数就能基本确定，如果生产的产品型号变化会带来弹性用工需求的话，班组定岗还要相应地明确其需求变化的规律。班组定岗定员通常以"班组组织表"（见表 2-1）的形式体现，经过批准的组织表是人员需求和作业补员的重要依据。组织表是班组人员管理的重要工具，是班组职能管理的综合体现。

运用书面化的"班组组织表"并及时更新、动态管理，一个阶段内的人员安排就能一目了然，这样便于班组长掌握和调整班组员工安排。

表 2-1 班组组织表

班组名称：

班长		副班长（物料员）	
组员			
岗位名	姓名	岗位名	姓名
岗位 1		岗位 1	
岗位 2		岗位 2	
岗位 3		岗位 3	

三、员工定岗管理

（一）员工定岗的原则

员工的定岗是根据岗位要求和个人状况来决定的。根据岗位对质量要求的程度，可以把员工的岗位分为重要岗位和一般岗位；根据岗位劳动强度的大小，可以将员工的岗位分为一般岗位和艰苦岗位。根据员工的身体状况、技能水平、工作态度，以保证质量、产量和均衡生产为目标，可按照下述原则进行定岗安排，如图2-2所示。

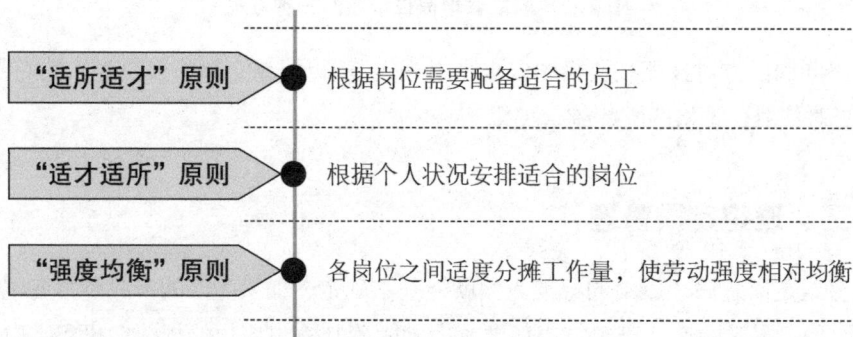

"适所适才"原则	● 根据岗位需要配备适合的员工
"适才适所"原则	● 根据个人状况安排适合的岗位
"强度均衡"原则	● 各岗位之间适度分摊工作量，使劳动强度相对均衡

图 2-2　定岗安排三原则

（二）员工定岗的好处

（1）员工在一段时间内固定在某个岗位作业，能使其作业技能尽快熟练。

（2）员工定岗有利于保证管理的可追溯性，能够责任到人，做到业绩好管理、问题好追查。

（3）员工定岗有利于提高和稳定员工技能，保障安全、质量和产量。

（4）员工定岗有利于提高工作安排和人员调配的效率。

（三）串岗与换岗的危害

员工定岗后，其操作岗位要求必须相对固定，不允许随便换岗。但在实际工作中还是会经常出现员工串岗和换岗的现象。串岗是指员工未经批准在一个班次之内频繁地在不同岗位交替作业；换岗是指员工在一段时间内无组织、无计划地随意变换工作岗位。串岗和换岗都属于管理无序的现象，极易导致现场管理混乱，其带来的危害是比较大的，具体如下：

（1）岗位变换快，员工作业技能不稳定；

（2）易出安全和质量事故，质量和产量难稳定；

（3）责任不清，问题难以追溯，绩效难管理；

（4）岗位变动大、变动快，处于无序状态，人员难管理。

随着用工制度和用工结构的变化，企业开始出现临时工、季节工、劳务外包等用工形式，班组长要根据班组内的岗位特点和需要，明确区分岗位性质和用工要求，有针对性地做好定岗定员和人员管理工作，这对于保障班组目标的实现起着很重要的作用。

四、员工出勤管理

出勤管理是班组长进行员工管理的首要内容，事关员工考勤和工资结算，影响现场人员调配和生产进度，涉及人员状态把握和班组能否正常运转。只有随时把握员工的出勤状态并进行动态调整，才能确保日常生产的顺利进行。出勤管理主要包括时间管理和状态管理。

（一）时间管理

时间管理是指对员工是否按时上下班、是否按要求加班等的管理。一般来说，员工缺勤有迟到、早退、请假、旷工、离职等四种情形（见图2-3）。

1 对于迟到、早退等情况，班组长应该向当事人了解原因，同时严格按照企业制度考勤。一般要对当事人进行必要的个别教育或公开教育，特殊情况除外。对于多次迟到、早退，且屡教不改者，应该严肃处理

2 员工请假需按照企业制度提出书面申请且获得批准后才能休假。特殊情况下可以口头请假，班组长需要确认请假事由，并进行恰当处理，处理过程中既要显示制度的严肃性又要体现管理的人性化

3 员工出现旷工时，班组长应该及时联系当事人或向熟悉当事人的同事了解情况，确认当事人是确实事出有因不能及时请假还是本人恶意旷工，如果是前者应该首先给予关心，必要时进行指导教育；如果是后者则应该当作旷工事故按制度严肃处理

4 碰到员工不辞而别离职的情形，班组长应该及时联系当事人或向熟悉当事人的同事了解情况，尽量了解员工不辞而别的原因，该做挽留工作的要挽留，就算员工最终仍选择了离职也要给予必要的感谢、善意的提醒，诚恳地听取其对企业、部门和本人的意见或建议

图2-3　员工缺勤的情形

对员工出勤进行时间管理时，可以根据考勤情况对出勤率进行统计分析（见表 2-2），从个人、月份、淡旺季、季节、带薪假期等多个角度分析其规律。例如，夏季炎热，员工体力消耗大，因身体疲劳或生病原因缺勤的情形就会增多。掌握员工出勤的规律能为班组定员及设置机动人员提供依据，提前做好准备，及时进行调配。

表 2-2　班组员工出勤统计分析表

请假日期	员工姓名	性别	所属岗位	请假原因	请假时间
请假规律分析					

（二）状态管理

状态管理是指对已出勤员工的在岗工作状态进行的管理。员工的精神状态、情绪、体力如何，班组长可通过观察员工表现、确认工作质量来把握，必要时可进行了解、交流、开导。当发现员工状态不佳，难以保证生产安全和质量时要及时采取措施进行处理；如果发现员工有个人困难而心绪不宁，甚至影响工作时，要给予真诚的帮助。班组长要能够观察员工的状态，及时发现问题，对员工要出自内心地关心，这样才能确保生产顺利进行，确保员工人到岗、心到岗、状态到位、结果到位。影响员工情绪的要素如图 2-4 所示。

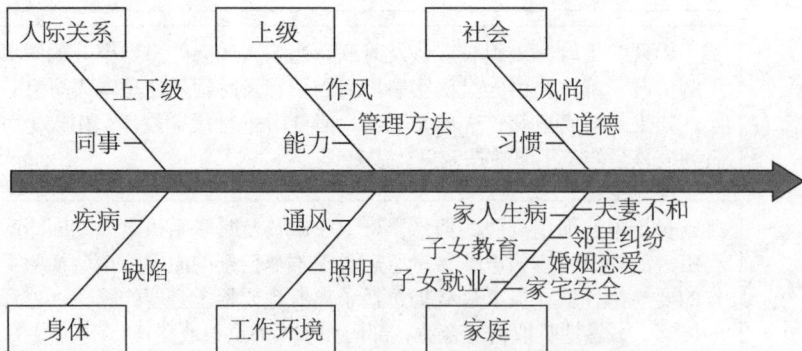

图 2-4　影响员工情绪的要素

五、员工技能管理

合格的技能是保证工作质量和产品质量的前提，员工技能管理是质量管理和人员调配的重要前提。所以，班组长要利用班前会、班后会了解员工技能的掌握情况，利用工作言传身教，对不足者加强培训、指导和跟踪，对优秀者给予肯定和鼓励。班组长不仅要给员工提要求，还要指导员工达到要求的要领和技巧。把自己的经验和技术系统地整理出来教给班组员工，变"自己知道"为"大家知道"，变"自己能做到"为"大家能做到"，这样自己的工作也会轻松许多。员工技能情况登记表如表 2-3 所示。

表 2-3　员工技能情况登记表

员工姓名	所属岗位	技能掌握情况				备注
		A 技能	B 技能	C 技能	D 技能	

做好员工技能的后备管理，保证一个岗位，尤其是重点岗位，有两名以上员工能独立完成操作。对班组长来说，有了员工储备，在工作中才能心中有数，一旦生产任务有所增加或人员有所变动，也能做到游刃有余。

六、员工后备管理

对员工流动和临时缺勤的问题，班组长应做好班组岗位员工的后备管理，这样才能有备无患。

在员工技能管理的基础上，班组长应通过培养多能工，有计划地做好一线岗位，尤其是重点岗位的员工替补安排，做到预案在前，一旦需要，立即按预案启动员工替补，最大限度地控制缺员带来的被动局面和工作损失。

七、补员管理与员工轮岗

定岗定员是班组员工管理的基本原则，但是由于员工流动、员工休假、缺勤、出差等种种原因，绝对的定岗定员很难做到。这种临时性缺员的情况是长期客观存在的，没有弹性的定员会使班组长疲于应付临时性顶岗。长期的定岗也会使员工技能单一，不但使员工对工作失去新鲜感，增长惰性，还会在班组临时性缺员时出现人员调配困难。所以，在定岗定员的基础上，适度的弹性人员补充制和员工岗位轮换是非常有必要的。

（一）补员管理

出现员工离职或辞职的情形，班组长应该及时向人力资源部门提出补员申请，同时做好临时性的人员调配工作，使生产进度和质量不受影响。

临时补充人员到岗后，班组长要对临时补充人员负以下职责（见图2-5）。

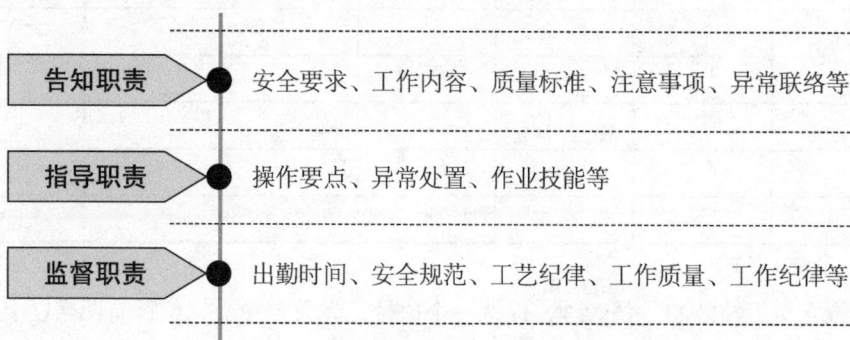

告知职责	●	安全要求、工作内容、质量标准、注意事项、异常联络等
指导职责	●	操作要点、异常处置、作业技能等
监督职责	●	出勤时间、安全规范、工艺纪律、工作质量、工作纪律等

图2-5　班组长对临时人员应负的职责

在临时补充人员结束工作之后，班组长要以口头或书面的形式评价其工作表现，客观评价并给予相应的肯定、表扬或批评。评价结果告知员工本人及其直接上级，当然，也别忘了先道一声"辛苦"和"感谢"。

（二）员工轮岗

适度的岗位轮换有助于提高员工的学习热情，激发班组成员的干劲，也有助于培养多能工和后备员工。员工轮岗安排一定要有计划、有组织地进行，要避免仅凭一腔热情的自由主义。在员工选择上，要选取工作态度好、安全意识高、工作质量一贯稳定、原有岗位技能熟练的老员工。一般来说,老员工到新岗位后,要完全掌握作业技能,至少也要 2 ~ 3 个月。所以,在时间安排上,老员工的转岗周期以 3 ~ 6 个月为宜。

一旦决定某个员工转换岗位,班组长就要像对待新员工上岗一样,对其进行指导和帮助。一旦转岗,换岗员工就要在规定的时间内固定在新岗位上工作,不允许随便变化。班组长要做好换岗员工新岗位的技能培训、质量考核和业绩管理工作,确保达到转岗目标。应该强调的是,为了确保岗位轮换的严肃性和计划性,班组长一定要将相关安排书面化,并向相关员工或全员进行公开说明。

第二节 班组员工培训

一、做好新员工入职引导

入职引导是指班组长向新员工介绍企业概况、部门职能、员工情况,讲解本岗位的工作内容和要求,帮助其了解企业的有关规章制度,让新进员工能够尽快进入工作状态中。

(一)为什么要进行入职引导

新员工入职的第一天,新的环境和工作内容可能会给其很大的压力,要去适应新的环境、新的人和事物,这需要一个过程。作为班组长,如果能对新员工加以引导的话,就可以缩短新员工适应过程的时间,也能避免新员工在这一过程中因遇到困难而离开企业。班组长在入职第一天对新员工进行一些帮助,让新员工对企业、对工作、对同事都能很快地了解和熟悉,让其在来到新企业后能有一个平稳和舒适的过渡,那么新员工便能很快地在新的环境中投入工作,并为企业带来效益。

(二)新员工入职引导事项

新员工入职,班组长应做的事项如表 2-4 所示。

表 2-4　新员工入职引导事项

序号	应做事项	具体说明
1	迎接新员工	来到新的环境，陌生会让新员工产生焦虑而增加心理压力。当新员工见到班组长时，如果班组长能够主动地迎接他，并以亲切的语气叫出他的名字，会减轻新员工的压力
2	准备一个舒适的工作场所	当班组长把新员工带到工作场所时，整齐、干净、舒适的工作场所会让他产生积极的心态，如果工作场所很凌乱，人员嘈杂，没有人理他，不但会打击他到新工作岗位的积极性，也会让他感到不被重视
3	让其他同事参与迎接新员工	其他同事参与迎接新同事效果会更好，这会让他感到这里的人都很热情，自己的到来很受大家的欢迎
4	带新员工熟悉工作环境及厂内的设施	主动向新员工介绍工作环境中的每一处地方，让他尽快熟悉工作环境和所有设施设备
5	建立联系	及时更新通讯录，把其他同事的联系方式告诉新员工，同时也把新员工的联系方式告诉其他同事
6	陪新员工一起吃午饭	如果班组长没有时间，可安排助手陪新员工一起吃午饭。可以通过闲谈询问新员工的感受，以便在工作中有所调整
7	为新员工安排适当的指导人员	新员工到了一个新的工作环境，既感到兴奋、期待，同时也感到陌生、焦虑，最需要有人能告诉他该干些什么、要怎么做
8	主动地安排新员工的工作	新员工到了新环境会感到拘谨，不知道做什么好，班组长应主动安排好新员工的工作，帮助他尽快适应
9	下班后与新员工谈话	新员工入职的第一天最需要别人对他的评价，特别是肯定的评价，这会让他在以后的工作中更有激情和动力。因此，班组长在下班后不妨和他谈一下今天的工作表现，对于表现出色的，就给予表扬；如果有问题，则提出来，他也会非常乐意地接受。在新员工刚进入这个团队的时候，就要培养他良好的工作习惯，这很重要

班组长所做的这些简单的事情，能让新员工很快适应工作和融入整个班组，这有利于整个班组的管理和高效运转。

二、加强多能工训练

多能工就是能操作多种机器设备、负责多道工序的作业人员。

针对生产任务品种多、批量大、周期紧，同时任务集中、不均衡给生产协调带来极大困难的情况，班组长可以加强多能工的训练，提高生产效率。

（一）多能工训练的必要性

多能工训练是现场管理中不可缺少的一部分，其原因如下。

（1）员工缺勤或请假如果没有人顶替，就会使生产停止或造成产量减少。

（2）在品种多、数量少或按订单安排生产的情况下，要频繁地变动流水线的编程，这就要求作业员具备多能化的技术以适应机种变换的需要。

（3）企业为适应激烈的竞争环境，往往会根据客户的某种要求而改变生产计划，这就要求作业人员的多技能化，以适应生产计划的变更。

（二）多能工训练计划的制订及记录

（1）统计生产现场必要的技术或技能，列举并记录到多能工训练计划表（见表2-5）的第一行。

（2）把生产现场和作业人员的姓名记到多能工训练计划表的第一列。

（3）评价每个作业人员所具有的技术或技能，并使用规定的记号记录下来。

（4）针对各作业人员的未训练项目制订培训计划。

（5）随着训练的进展而增加评价记号。

表2-5 多能工训练计划表

作业技能 / 员工	取图	剪断	铸锻	展平	消除变形	弯曲	挫磨	冲压成形	整形	热处理	焊锡	熔接	铆接	组装	抛光	训练时间合计
	2天	2天	2天	3天	3天	5天	5天	5天	5天	8天	8天	8天	8天	8天	8天	80天
小张									☆							
小李			◎													
小王						○										
小赵																

注：☆ 100%　◎ 75%　○ 50%

（三）多能工训练的操作方法

（1）根据多能工训练计划表，按计划逐一对学员进行作业基准及作业指导书中有关内容的教育和指导。

（2）完成初期教育和指导后，学员进入相关现场参观作业人员操作，过程中注意加深学员对作业基准及作业顺序教育内容的理解，随后利用中休或加班时间，由班组长对学员进行实际作业的指导。

（3）在有班组长、副班组长（或其他多能工）上班时，可安排学员进入相关现场与作业人员一起进行实际操作，以提高学员作业的准确性及实现作业顺序的标准化，同时让学员掌握正确的作业方法。

（4）当学员掌握了正确的作业方法，达到作业基准，且具备正常作业流水线的速度（跟点作业），也就是说完全具备该工作的作业能力后，可安排其进行单独作业，使其操作逐步熟练，达到一定程度的作业稳定性并能持续一段时间（3～6日为佳）。训练中的多能工学员在正常跟点单独作业时，班组长要对其作业进行确认。

（5）考核学员的训练效果。检查学员作业的方法是否与作业指导书中的方法、顺序一致，有没有不正确的作业动作，如果有，要及时纠正。对学员生产的成品进行成品确认检查，检查成品是否满足质量、规格要求，有无操作不规范造成的不合格品。

学员的上述检查均合格后，对该学员的该技能训练就可以判定为合格。

班组长每日把握各员工的多能工化程度，可通过"龙虎榜"等形式揭示出来，掀起员工之间"学、赶、超"的热潮，从而达到活用人才、储备人才、激发员工作业热情的目的。

三、开展 OJT

OJT 是 On the Job Training 的英文首字母缩写，是一种在工作现场，由领导和技能娴熟的老员工对普通员工和新员工，在日常工作中对必要的知识、技能、工作方法等进行现场培训的培训方法。

（一）开展 OJT 的目的

（1）培养员工能熟练而出色地完成自己的工作。

（2）提高本部门的整体工作业绩。

（3）促进员工个人能力的成长。

（4）通过指导他人，让培训人自己也获得能力的提高。

（二）OJT 的实施步骤

1. 确定受培训人员

确定受培训人员前首先要明确其完成各种作业所应具备的能力，包括与作业有关的知识、作业的顺序、作业的要点，应该达到的质量水准、作业速度、作业后的检查要点等；随后对分配至流水线的作业人员现有能力进行评估，找出其应具备的能力和实际能力之间的差距。

2. 准备教材

为明确作业人员应具备的能力和实际能力之间的差距，最好的方法是将作业标准以文件的形式表现出来，编制成作业指导书。作业指导书起着正确指导员工从事某项作业的作用。

作业指导书要明确作业要求的 5W1H。

（1）作业名称——做什么（What）。

（2）作业时间——什么时候做，在哪道工序前或哪道工序后（When）。

（3）作业人员——谁去做（Who）。

（4）作业地点——在哪儿做（Where）。

（5）作业目的——为什么要这么做（Why）。

（6）作业方式——所有工具、作业方法及关键要点（How）。

3. 进行实际作业指导

OJT 要按图 2-6 所示的三个步骤有效地指导作业。

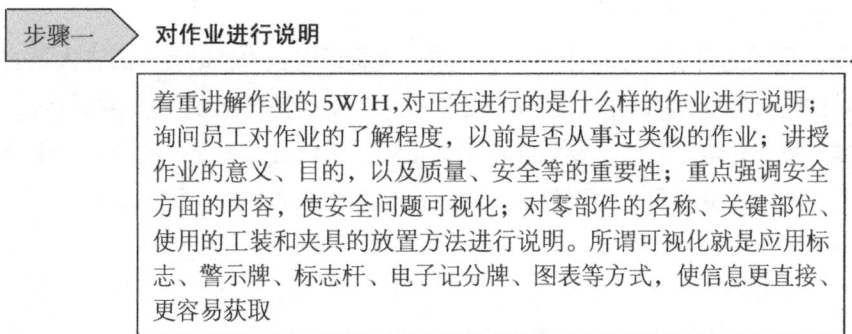

| 步骤一 | 对作业进行说明 |

着重讲解作业的 5W1H，对正在进行的是什么样的作业进行说明；询问员工对作业的了解程度，以前是否从事过类似的作业；讲授作业的意义、目的，以及质量、安全等的重要性；重点强调安全方面的内容，使安全问题可视化；对零部件的名称、关键部位、使用的工装和夹具的放置方法进行说明。所谓可视化就是应用标志、警示牌、标志杆、电子记分牌、图表等方式，使信息更直接、更容易获取

图 2-6　OJT 的步骤

步骤二	示范一遍，让员工跟着操作

示范时，对主要步骤和关键之处都要进行详细说明，之后再针对重点进行作业指导；让员工试着进行操作，并让其简述主要步骤、关键点和注意事项，明确作业的5W1H，不正确的地方要立即纠正；在员工真正领会以前，要多次反复进行指导

步骤三	在员工操作时，注意观察，随时进行指导

要观察员工操作，对其操作不符合要求或不规范之处随时进行指导

图2-6　OJT的步骤（续图）

（三）不同资历员工OJT的要点

1. 新员工OJT要点

新员工刚到新岗位，对所学的东西会记得很牢。因此，在一开始就须教导其工作中正确的基本事项，可分成"作为班组成员和职业人所须掌握的基本事项"和"与工作有关的基本事项"。

前者是指新员工职业意识的确立，如职业理想、职业道德、职业纪律、职业态度、职业素质、职业礼仪，以及对同事、前辈、领导的态度等；后者是指工作方面的基本认知，如客户意识、成本意识、效率意识、团队合作意识、成果意识、忠诚度、岗位职责等。

2. 资深员工OJT要点

资深员工是企业的中坚力量，是在各个部门负责实务操作的核心人员。一般是指进入企业2～3年的员工。

资深员工是班组实际作业的核心人员，也是班组长的辅助者、后进人员的指导者。对这些员工进行的OJT，首先是要使资深员工清楚自己在企业中的位置，肯定其关键与骨干地位；其次是要培养资深员工对其所负责的工作中的专业知识及拓展知识的学习。在资深员工的工作中，可以适当给予压力和分配重要工作，让其有更多锻炼的机会。

3. 中高年龄层员工OJT要点

对中高年龄层的年长员工需要在培训的具体做法上讲究技巧。对年长的员工，

要承认、赞美其优点，把他们当作前辈；对他们操作中存在的问题要及时指出，特别是在一些新技术、新机器的运用中，尤其需要注意他们的操作是否符合规范。

（四）不同类型员工 OJT 要点

在对不同水平、能力和态度的员工进行 OJT 时，应掌握不同的培训要点，如表 2-6 所示。

表 2-6　不同类型员工 OJT 的要点

序号	类别	要点
1	有能力没有干劲的员工	对于这类员工，必须了解其失去干劲（或是提不起劲）的原因，是家庭原因、制度原因、薪酬原因、环境原因还是沟通原因，然后采取适当的措施调动其积极性
2	没有能力有干劲的员工	要分析其能力不足的原因，如果其能力有提高的可能，就要对其进行有针对性的培训和指导；如果确实无法提高，则应调整工作岗位，让其从事适合的工作
3	没有能力也没有干劲的员工	对这类员工要有耐心，先分配较简单的工作，使其获得成功的经验，对工作产生信心，再培训其工作上所必要的知识和技巧，经过培训之后仍没有改进的要予以淘汰
4	有能力又有干劲的员工	对于这种员工要注意避免阻碍其正常发挥，充分授权，让其参与目标的设定，对于一些微小的错误要持宽容的态度

第三节　营造和谐的工作氛围

良好的工作氛围比什么都重要，事实证明，工作氛围和谐，可以使员工感到温馨，让员工心情愉悦，这样，他们的团队意识就会提高，干劲就会增加，就会积极、自觉地投入工作，发挥更大的效能，为企业创造更多的效益。

一、良好工作氛围的重要性

工作氛围反映了班组成员之间的人际关系和班组的团队精神。

（一）工作氛围对工作状况的影响

团队成员彼此相互信任，有共同的目标，领导者善于运用激励方法，在这样的氛围下工作，团队的创造性和潜力得到激发，业绩就会很显著；相反，如果工作氛围不好，同事之间关系冷漠，上下级之间缺乏沟通和信任，部门之间互相推卸责任，则很容易导致组织的内耗，使组织目标无法实现。

案例

福特公司的一家分厂由于管理不善濒临倒闭。后来总公司派来了一位很能干的管理人员。到任的第三天，他在巡视中发现了问题的症结：偌大的厂房里，一道道流水线如同一道道屏障阻隔了工人之间的直接交流，轰鸣的机械声、刺耳的噪声更使工人之间工作信息的及时互通难以实现。再加上工厂濒临倒闭，过去的领导一个劲儿地要实现生产指标，让大家加班生产，员工们更是鲜有时间交流，冷漠的人际关系也使员工们热情大减。

这位新任管理人员在敏锐地觉察到这一问题之后，果断地改善了这一情况，他将午餐改为由工厂统一安排，让员工们在午餐时间能相互交流、相互了解、建立信任，从而使组织的人际关系得到了改善。

五个月后，这位管理人员的苦心没有白费，尽管机器依旧轰鸣，但员工间关系融洽，企业业绩开始回转，并奇迹般地开始赢利了。

这可以说是企业效益和人际关系的最佳案例。这位管理人员在企业濒临倒闭的情况下，冒着成本增加的风险，改善了企业不健康的人际关系，使企业成员都处在了和谐的工作氛围中。

人际关系与班组效益之间的关系十分密切，是否有正常的人际关系是班组员工能否最大限度地发挥个人能力的关键。

（二）不健康工作氛围的表现

作为班组长，必须为班组员工营造健康的工作氛围。以下是一些不健康工作氛围的表现，请班组长和自己工作场所的现状进行对照，作为发现问题的线索。

（1）员工经常为一些鸡毛蒜皮的小事争吵。

（2）员工间没有相互合作的态度。

（3）员工在会议上不提出意见，即使提也多是消积悲观的意见。

（4）员工即使听到班组长的指示，也不按指示执行。

（5）流言散播迅速，背后说人闲话的多。

（6）员工失败一次，就一再被作为例子提出。

（7）员工仅做被指示的工作，不愿做指示以外的工作。

（8）员工不能表达自己的意见。

（9）员工报告不够，很少找班组长反馈平时遇到的问题。

（三）良好工作氛围的特征

良好的工作氛围是自由、真诚和平等的，是员工在对自身工作满意的基础上，与同事、班组长之间关系相处融洽、互相认可、有集体认同感，能充分发挥团队合作精神、共同达成工作目标，能在工作中共同实现人生价值的氛围。在这种氛围里，每个员工在得到他人承认的同时，都能积极地贡献自己的力量，工作中能随时灵活调整工作方式，实现更高的效率。

二、创造良好工作氛围的方式

良好的工作氛围是由人创造的，是在班组员工之间的不断交流和互动中逐渐形成的，没有人与人之间的互动，氛围也就无从谈起。

（一）明确工作岗位分工

班组岗位之间的合作是否顺利是工作氛围好坏与否的一个重要标志，有明确的分工才能有良好的合作。各岗位职责明确、权力明确，并不意味着互不相关，工作的事就是大家的事，职务分工明确了哪个程序是谁来执行的，才不会发生互相推诿等影响工作氛围的情况。

（二）在班组落实企业文化

从企业文化着手，在班组营造一种相互帮助、相互理解、相互激励、相互关心的工作氛围，从而稳定班组员工的工作情绪，激发其工作热情，形成班组共同的价值观，进而合力达成组织目标。

（三）做好班组内部沟通

真诚、平等的内部沟通是创造和谐工作氛围的基础。班组内部绝对不应允许官僚作风的存在，职务只代表分工不同，只是对事的权责划分，不同资历、级别的员工之间应该平等、互相信任、互相帮助和互相尊重。每一个员工都有充分表达意见和建议的权利，能够对任何人提出他的想法，主动进行沟通；被沟通方也应该积极主动地配合、回答或解释。但沟通的原则应是就事论事，绝不可以牵扯其他方面。

（四）重视班组团队建设，营造学习的工作氛围

班组内应该有良好的学习风气，班组长要鼓励和带领班组成员加强学习先进的技术和经验，在进行工作总结的时候也应该同时进行广泛而有针对性的沟通和交流，共同分享经验，不断进步。

三、建立良好工作氛围的技巧

班组长在建立良好工作氛围方面的技巧如下。

（一）主动和班组员工打招呼

打招呼是意见沟通的第一步，作为班组长，应主动和班组员工打招呼，通过谈及"工作情形怎样了""情况与往常一样吗"等话题，顺便沟通彼此的感情。一般而言班组员工都是较害羞的，甚至有些年轻人还认为问候上级是"拍马屁"的行为。班组长在与班组员工接触时，要表现出亲和力，只要班组长主动、诚心、适时地问候，工作氛围就会随之明快起来。

情景：由于快步疾走，刘毅没能和他的班长李强适时地打招呼，只得与李强一前一后走进公司大门。

刘毅对于自己在当时不能坦然地说早安感到很难为情，虽然他对李强并没恶意，但由于个性的原因，总感到难以主动。其实，清早走过班长身旁的一刹那，刘毅心中曾期待着李强会从身后叫住他，跟他打个招呼，如此他也能转身自然地回应，但他的期望落空了，只得又一次地与班长擦肩而过。

（二）有鼓励也有批评

由于班组员工性格不同、素质参差不齐，班组长若在管理中只做"老好人"是行不通的，对班组员工的鼓励和批评都是必要的。

1. 鼓励的艺术

对班组员工的鼓励不需要太多的技巧，只要体现了人情味就很好，否则可能显得浮夸，会适得其反。班组长的鼓励也能提升班组员工的满足感，鼓励员工制定下一个目标并努力去完成它。

2. 批评的艺术

能根据不同班组员工的情况，在员工工作出现问题时，有针对性地进行批评，令其心服口服地接受批评，才算是一流的基层管理人员。班组长在工作中要为班组员工起到表率作用，这样在批评员工时才能有立场和令人信服。当员工存在工作不按操作规范、工作不尽心尽力，甚至违反道德（法律）等的情况时，班组长一定要严厉批评、严肃处理。班组长切不可只是冲动发火，要真诚地协助班组员工改善问题，在批评的同时指出员工错误所在，并指导员工改正错误；过程中也要认真听取员工的想法，肯定正确的部分，这样的批评才是有意义的。

（三）不要威胁班组员工

有些班组长常常在给班组员工安排工作时或与班组员工谈话时说一些威胁的话。例如，在安排一件难度较大的工作时会说"如果不能按时完成，你就给我走人""你应当明白你的处境，如果不按我的要求把事做好，你就要走人"等。这些话语是基层管理中的大忌，它不但不能促进工作按时完成，还可能会起到相反的作用，带来班组的不和谐，阻碍工作的顺利开展，使工作处于被动状态。威胁班组员工的三大害处如图2-7所示。

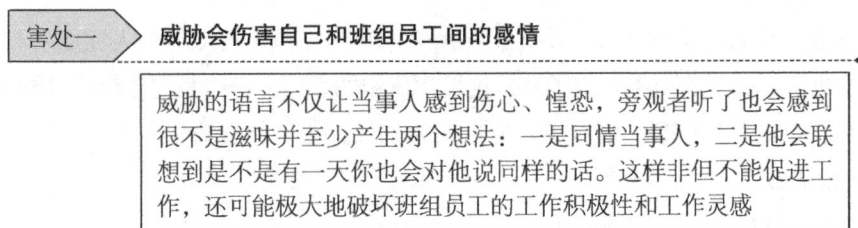

害处一　威胁会伤害自己和班组员工间的感情

威胁的语言不仅让当事人感到伤心、惶恐，旁观者听了也会感到很不是滋味并至少产生两个想法：一是同情当事人，二是他会联想到是不是有一天你也会对他说同样的话。这样非但不能促进工作，还可能极大地破坏班组员工的工作积极性和工作灵感

图2-7　威胁班组员工的三大害处

害处二 > **威胁会传递错误信息**

> 班组长在威胁班组员工时可能会口不择言，这样可能传递给员工一些错误的信息，使他误解，也冲动做出错误的事情，导致工作中出现更严重的问题，得不偿失

害处三 > **威胁会让自己丧失威信**

> 基层管理人员的威胁有时就像"狼来了"，久而久之班组员工知道班组长只是虚张声势，慢慢地不再相信班组长说的话，班组长的威信也就在不知不觉中一点点消失了

图 2-7　威胁班组员工的三大害处（续图）

其实，现代社会竞争压力大，每个人都会认真考虑自己的处境。也就是说，班组长根本就没必要去威胁员工，逼迫他去做什么，只要营造出压力适当、有归属感的工作氛围，员工就能自主安排好自己的工作，就能达到良好的管理效果。

（四）不刻意塑造"完美"人设

人无完人，谁都会有一些小缺点，班组长也不例外。班组长应该在班组员工面前呈现真实的自我，没有必要刻意隐瞒自己的缺点，塑造完美的形象。"完美"的人设会产生疏离感，不利于班组长与员工建立亲切友好的关系。另外，班组长要和员工"打成一片"，在工作和生活上都多与员工交流，在处理工作中的失误时，也要尽量保持积极的态度，给员工"吃一颗定心丸"。

（五）不过于苛刻地要求班组员工

对班组员工要求过于苛刻会产生以下问题。

1. 限制了班组员工做主的权利

班组长不可能大包大揽，决定班组所有的事情，也不可能一个人完成所有的工作，这也正是班组的作用。为了有效地发挥班组的作用，班组长需要合理分配权限，让班组员工在不受干预的情况下，发挥出他们最大的工作热情和水平，这样才可以成倍地提高班组的工作效率。

2. 让班组员工觉得不被信任

作为班组长，如果要求班组员工必须把每天做的工作事无巨细地汇报，做任何

事都要经过批准，他们会认为班组长对他们的工作不信任，反过来也会用不信任的方法来对待班组长。

3. 挫伤班组员工的工作积极性

班组员工在工作中一直感受到班组长的不授权、不信任，长此以往，自己在工作中也会失去积极的心态。

（六）认清场合，适时说话

班组长在与班组员工的沟通中应该讲究讲话的技巧，具体如下。

（1）交代的工作班组员工已经完成时应称赞："你干得很好，辛苦了！"

（2）拜托或指示班组员工时应适当客套："在你正忙的时候真不好意思，但请帮个忙。"

（3）当自己工作出错时应反省并主动说："这是我的错，对不起。"

（4）听取班组员工的汇报或听到他们的意见时，班组长应保持客观谦逊的态度。可以说："我想听听你的意见。"表示认同时可以说："确实是这样。"即使不认同对方的想法，也应该说"你说的也有道理"以表示鼓励。

（5）在一些情况下，班组长也要维护自己的班组员工，可以体谅地说："虽然这次出了状况，但他平时表现还不错，人嘛，都会偶尔犯错。"

（七）避免厚此薄彼

班组长常会犯的一个错误是以个人的好恶来对待班组员工，就会出现厚此薄彼的情况。

1. 厚此薄彼的害处

想要班组有凝聚力，班组长就要做到"一碗水端平"。当班组员工经常被班组长以不客观的标准评价时，他对班组长就会失去信任和信心，这对员工忠诚度的培养十分不利，甚至会造成企业人员的流失。

2. 如何避免厚此薄彼

避免厚此薄彼最好的办法是防微杜渐。班组长要定期回看自己平时在工作中是否有对哪个组员偏心，或针对某个班组员工的情况，反思自己有没有公平地对待每一位班组员工，及时调整自己的状态和处理问题的方法，避免因自己的不公平使员工心生看法，甚至导致员工离职，造成不必要的人员损失。

（八）不要阻碍员工的发展

优秀的员工需要发展，如果班组长的管理阻碍了班组员工的发展，那他们的工作表现也会因为失望的情绪而有所退化。为了不至于阻碍员工的发展，班组长可以按如下方法进行管理。

1. 保证在班组中，每一份工作至少有两个人知道怎么做

拓展员工业务技能的一个最简单的方法就是让他们交叉培训。这不仅仅对员工个人有利，对班组长的管理也有好处。例如，某个员工有急事不能到岗，为了不耽误生产进度，班组长就不得不从别的班组调配人员来支持。但如果本班组有两名员工可以完成这一岗位的任务，在其中一人缺席时由另一人补位，就可以在本班组内解决问题，不必调用别组的人员了。这样做既向班组员工提供了掌握更多技能的机会，也增强了整个班组的工作能力。

2. 当班组员工告诉你他希望在某些方面有所发展时，给予他们适当的鼓励

当班组员工说起"我正在寻找具有挑战性的工作""这些烦琐工作太无聊了，我想做一些有兴趣的事"，你会怎么处理？班组长应该抓住这个机会，鼓励员工学习新技能，这样班组的工作也会因为班组员工能力的提高而完成得更出色。如果员工在一种受激励的环境中工作，他们表现得也会更加积极。

第四节　班组日常的有效沟通

一、有效沟通的意义

有效的沟通是指准确、恰当地将想要传递的内容表达出来，并让对方接收到正确信息的过程。

众所周知，班组生产现场常常问题不断，为了保证产品质量、节约生产成本，班组生产现场的信息往往需要及时地互通和反馈，否则容易给企业在产品质量、物流配送、售后服务等方面带来一系列的损失。因此，在生产现场，班组长必须与班组员工做到有效沟通。

案例

又到午餐时间了，班长王军和操作员小李、小刘一起吃饭。

"小刘，我发现你现在的熟练程度提高了，继续努力！"班长王军说。

"谢谢！"小刘说。

"我也恭喜你，小刘！我这几天可就惨了，也不知道是怎么回事，我最近的（产品）合格率一直很低。"小李说。

"我也留意到了，小李，你的合格率比前几天低了一些。我还在担心你这两天是不是家里有什么事情。"王军说。

"我发现我总是在过那个 ××× 机的时候出问题，可是我天天都用啊，真有点想不通了。"小李一说起这个就觉得有满腹委屈。

小刘一听马上说："不对不对，这不是我们原来的那个机器了，那天上晚班时机器出了故障，拿到维修部修去了，因为我们急着用，维修部就拿了一个备用机器给我们，这个备用机器有 3 毫米的误差，所以每次用的时候要往右移 3 毫米，我看你第二天回来和小赵站在机器旁比画了很久，还以为你已经知道了呢。"

"天啊，你怎么不早告诉我啊，我的合格率……"小李高声叫道。

一般来说，信息沟通在一个班组中常见的状态如表 2-7 所示。

表 2-7　信息沟通在班组中的状态

班组长	某组员	班组内其他组员	处理方式
我不知道	你不知道	大家都不知道	一同学习
我知道	你不知道	大家都知道	要让新员工尽快了解班组工作的规范和要求；某情况发生时不在场的班组员工，也要在事后及时通知他班组工作中的变化
我不知道	你知道	大家都不知道	请相关班组员工介绍工作方法、技巧，或重用相关员工某一方面的技能

班组长与班组员工做好现场的沟通工作，可以实现以下几个目标。

（一）迅速解决工作中的问题

班组现场面临的问题，必须由全体班组员工一起来解决，但是如果信息交流不畅，班组员工之间就无法达成共识，操作无法统一，也就无法解决问题了，就更别说提升产品质量了。

（二）促进班组员工间的理解、信任，不断提高团队的凝聚力

班组员工都是从陌生到熟悉、从互不相识到一起工作的，有效的沟通能够加快班组员工之间建立信任、互相理解的速度，快速提升班组的凝聚力。

（三）分工协作，提升效率

班组员工的分工不同，负责的工作内容不同，但工作中会有需要相互配合之处，只有现场的沟通顺畅，在出现问题时及时做出调整，才能保证前后道工序间的作业标准一致，也才能因此保证乃至提升生产效率。

二、让生产现场充满生气

班组长通过有效沟通可以起到活跃现场气氛的作用。让生产现场充满生气，班组员工才能有活力、有干劲，才能集中精力做好自己手中的工作，保证产品质量达标。

（1）班组长以身作则。班组工作不仅需要"言传"还要"身教"，班组长在现场要以身作则，严格遵守生产操作规程，带有使命感地工作，用自己的行为带动班组员工，成为班组员工的榜样，让整个班组朝气蓬勃，充满干劲。

（2）确立指示系统。生产现场的方针要明确，指示要一体化。

（3）确立报告制度。明确要求执行工作任务的班组员工向发出指示者一人报告即可。

（4）公平评价并反馈。班组长应公平地评价班组员工的工作，并将评价结果传达给当事人。评价组员工作时，做得好就表扬，做得不足时也要明确指出。值得注意的是，班组长在评价时要多说激励班组员工的话。

（5）不发牢骚、不抱怨。在生产现场有时会遇到一些让人想发牢骚的情况，班组长作为班组的负责人不要带头发牢骚、抱怨，以免带动班组员工的负面情绪，破坏工作氛围。此时班组长更要主动与班组员工沟通，安慰好他们的情绪，维持生产现场的秩序和氛围。

（6）制定目标，并为达到目标一起努力。班组长可以在日常工作中制定一些目标，可制定"降低不合格率、解决交货期延误、降低成本、防止劳动灾害、完成改

善提案的件数、QC 小组的活性化"等目标，然后鼓舞士气，带领大家来挑战这些目标。

三、适时关注班组员工情绪

情绪会影响人的工作状态，班组长应该适时关注班组员工的情绪，及时与员工沟通，了解员工情绪不佳的原因，并给予员工必要的支持。

（一）不良情绪对工作造成的影响

当班组员工来到工作岗位时，如果员工情绪是积极、稳定的，他就会很快进入工作角色，不仅工作积极主动，而且工作质量好，效率高；反之，如果班组员工情绪低落，就可能工作质量差，效率低，甚至发生安全事故，这是企业在生产现场最不愿意看到的情况。

案例

李小玉是这个车间的老员工了，工作一直很认真、工作效率也高，很少出错。因此，班长王强将她放在班组最后一个位置，让她除了完成自己的工作外，还负责检查班里其他成员的工作完成情况。这个安排也让李小玉很高兴，前段时间她做得很开心，可是这段时间，李小玉的不合格率一直达不到标准，精神状态也不太好。

后来，王强决定找李小玉谈谈。一问之下，王强才知原来是李小玉的儿子这些天患病毒性感冒、发高烧，丈夫又在外地工作，孩子自己在家她不放心，就把他放在了婆婆家里，可婆婆家又离得远，所以她每天在婆婆家、公司、自己家之间奔波，疲惫不堪，导致她无法静下心来工作。

（二）班组员工情绪低落的原因

当班组员工有以下情况时容易情绪低落，班组长应当注意员工的情况，及时发现异常，主动与员工进行沟通，帮助他调节状态或给予一些关怀。

（1）工作不顺时。

（2）人事调动时。

（3）身体不适时。

（4）家中有事时

（三）如何发现班组员工的不良情绪

班组长不妨从以下几个方面来观察班组员工，发现班组员工的不良情绪。

（1）脸色、眼神（脸色不好、眼睛无神等）。

（2）说话的方式（声音有气无力、语速慢等）。

（3）谈话的内容（话题比较严肃、逻辑不佳、表意不清等）。

（4）肢体动作（无精打采、行动迟缓等）。

（四）应对班组员工情绪低落

在发现班组员工有情绪低落的情况时，班组长首先要找到员工情绪低落的原因，之后可以根据班组员工的具体情况与其进行沟通，如对其工作给予肯定，鼓励其再接再厉；帮助其适应新环境，尽快与班组熟络起来；关心员工的身体状况，批准假期让员工适当休息；安抚员工情绪，帮助其渡过难关，必要时让其休假调整，等等。

四、化解班组员工的抵触情绪

班组员工有抵触情绪时，会出现不愿采纳他人意见的情况，甚至故意违背班组长的指示行事。班组长在管理中推行一项新的管理措施时、试行新的作业方法时、进行工作轮换时等，常会遭遇班组员工的抵触情绪，那么要如何化解呢？

（一）了解班组员工抵触的原因

班组员工对班组长的决策和工作安排产生抵触情绪的原因一般有以下几个方面。

1. 原因不明确

班组员工在收到一些决策和工作安排的通知时会"一头雾水"，不知道为什么要他们这样做，不知道这种改变是确实有益的还是只会增加工作负担。

2. 措施不全面

班组员工只被通知要实现某个目标，却没被告知要如何去实现这个目标。过程的不确定性会让班组员工怀疑目标的可实现性，从而产生抵触情绪，不愿配合。

3. 变化不确定

班组长的一些安排意味着变动，班组员工要放弃已经熟悉的工作内容，面对不熟悉的新领域，这种变动会使员工感到不安和焦虑，以至于抵触发生改变。

4. 心理不信任

有些班组员工的经历导致他们不相信班组长的安排，认为这些安排是不公平、不合理的，甚至会损害自己的利益。当然，这种情况说明班组长的管理存在问题，应该及时反省自己的管理方法，从源头避免这类不信任的情况发生。

（二）正确对待抵触

1. 抵触是人的自然反应，也是管理的必经之路

据统计显示，在团队中通常只有 20% 的人一开始就全力支持改变，50% 的人会持中立态度，另外 30% 的人对于改变非常抵触。事实上，抵触是人的自然反应，也是管理的必经之路。班组员工需要时间接受改变，调整自己的状态，也需要班组长与班组员工进行沟通并向他们提供帮助。

2. 不应将班组员工的抵触视为阻碍

面对班组员工表达的抵触情绪，班组长不应该只不断地向其强调改变的必要性，将员工的抵触行为看成对管理的阻碍。班组长要了解员工为何产生抵触情绪，找到背后真正的原因，才能化解员工的抵触心理，使企业管理与员工的个人发展实现双赢。

> 班组员工会有抵触情绪，表明班组长有些地方可能没有做好，如没有说清楚，让员工存有疑虑；或是没有提供足够的协助，让员工不知该如何是好。

（三）化解抵触时的注意事项

1. 不是安抚情绪，而是化解疑虑

在面对班组员工的抵触时，班组长不要只想着安抚员工情绪，这是"治标不治本"的做法。只有真正化解抵触员工心中的疑虑，才能真正消除他的抵触情绪。

班组长与班组员工之间时常存在信息不对称的状况，这会让员工觉得不公平，

更会对改变本身产生疑问。心理学家经过多年的研究发现，相对于结果本身，人们更在乎结果产生的过程。这源自人性的基本需求，人们总希望被视为独立的个体来对待，希望别人能尊重自己的想法和感受。因此，过程的公平与否非常重要，要达到过程的公平，班组长要做到以下两点。

（1）向班组员工解释清楚。班组员工希望知道为什么要改变，当班组长做到信息透明，员工了解了问题的始末，就不会有那么强烈的抵触情绪了。

（2）倾听班组员工的观点。在决策的过程中，班组长是否给了班组员工表达自己意见的机会？许多时候班组长认为有必要改变的事情，员工并不这么认为；班组长认为改变会带来好的结果，员工却认为改变只会增加负担。双方所处角色不同，会产生不同的认知。不论最后的结果是采用你的想法还是员工的想法，或是重新找到新的做法，员工的意见在过程中被听到、被讨论过，才是公平的过程。

2. 不要谈论价值观，而是沟通具体的事宜

口号、价值观、愿景，这些对于一线员工来说太遥远，班组员工真正想知道的是他到底该怎么做。班组长要沟通改变所带来的结果时，不要对员工说希望他成为企业第一，而是告诉他下一个月产量能比这个月增长多少等较为具体的目标，以及达到目标的具体措施是什么。

3. 不要刻意隐瞒，要明确说明可能遇到的困难

班组长通常只看到改变带来的好的一面，却忽略过程中可能遇到的困难或阻碍。如果班组长只是一味"吹嘘"改变带来的好处，班组员工会觉得你"站着说话不腰疼"。为了让员工认同改变，唯有如实告知他们将遇到的困难，这样才能取得他们的信任。

4. 不要只想着命令班组员工，而是要去影响班组员工

班组长有一定的权利，但不应该用在强制要求班组员工服从命令上，去做一个强势不讲理的管理者。班组长要运用好自己的职权，鼓励和推动员工前进，为员工提供应有的协助，尽量帮助他解决工作过程中的困难。

五、处理好冲突

冲突是指人们在面对同一件事时，由于立场、观点、理想及利益等的不同而产生的矛盾。班组长在工作中是管理者也是协调者，当班组员工出现冲突时，班组长应该出面调解，处理好引发冲突的问题。

（一）妥善处理自己与班组员工的冲突

1. 化解冲突的方法

（1）分析发生冲突的原因，找出主要责任方。

（2）请非当事人第三方从中调停，搭好桥梁。

（3）针对不同情况，酌情处理冲突。

（4）适时表达自己化解冲突的良好愿望。

（5）冲突一旦停止，就不再追究，不再扩散。

2. 化解冲突的要点

（1）如果冲突的主要责任在自己，应勇于向班组员工承认错误；如果责任在班组员工一方，应针对不同情况做出客观的处理，不要意气用事。

（2）不是原则性问题，可主动将责任揽在自己身上，给班组员工一个台阶，留住人才。

（3）可请第三方调解矛盾。班组长要嘱咐第三方人员在调解时带去自己的歉意，在不损害自己威信的情况下实现双方的沟通。

（4）发生冲突后，不要急着分辨对错，双方可先冷静一下，之后再做处理。

（5）班组长作为管理人员，应对班组员工适度忍让，不要表现得小肚鸡肠，斤斤计较。

> 适度地采取忍让的态度，既可避免正面冲突，同时也保全了双方的面子。

（二）处理好班组员工之间的冲突

班组员工之间有时会因为工作上或生活上的事情发生冲突，班组长如不能合理地解决他们之间的冲突，任其发展，会严重影响班组的工作氛围。

1. 了解班组员工冲突的原委

班组长在平时要注意树立平易近人的形象，这样当员工们遇到困难时才愿意与你倾诉，遇到冲突时也会想到找你来调解。在发现员工间出现冲突后，班组长首先要全面了解冲突发生的始末，站在客观的角度帮助员工分析问题、解决问题，不能只听一面之词或盲目下定论。

2. 分析班组员工冲突的利弊

班组员工之间的冲突通常会有两种结果。

（1）有益的结果

班组员工间的一些冲突是因为误会，或者是观点不统一等造成的，当班组员工解开了误会，或经过激烈的讨论得出了双方都认同的结果，达成了一致时，不但解决了冲突，这一过程和结果对班组的团结也是有益的。这类冲突可以促进创新，不同意见、观点的交锋，可以深化人们的认识，引发创造性的思想。

（2）有害的结果

激烈的冲突让班组员工产生情绪压力，不但会影响同事关系、影响工作进度，对员工自己的精神健康也会产生不好的影响。有害的冲突常会造成班组资源的错误分配，给班组工作的整体效果带来不良的影响，甚至整个班组都要为个别组员的不理智行为埋单。

3. 公正解决冲突

班组长要做解决冲突的调停者，而不能代替班组员工做决定。最好的方法是站在第三方的角度帮助有冲突员工分析冲突的起因、经过，引导员工协商出双方都满意的结果。这样做也是为了帮助员工在下次遇到类似情况时，能有一个解决问题的明确思路，不至于再将普通问题激化成冲突。

第三章

班组计划管理

计划管理是有目标、有策略、有步骤地完成生产任务指标，达到预期目的的重要方法之一。班组长（有时是班组长指定的组员）是班组计划管理实施的责任人，通过制订、执行、检查、调整计划，能够使班组工作围绕企业总体目标高效开展，最终顺利完成企业要求的各项生产经营指标。

第一节　与班组有关的计划

计划就是预先决定要做什么、如何做、何时做、由谁做以及要做到何种程度。与班组工作有关的计划主要有以下四种。

（1）生产计划：根据班组长接收到的生产任务与指令所制订的计划。

（2）周工作计划：由班组长制订的未来一周的工作计划。

（3）人员培训计划：主要是员工在岗培训（OJT）方面的计划。

（4）轮流值日计划：配合轮班和5S活动而制订的值日表。

一、生产计划

（一）月生产计划

1.什么是月生产计划

月生产计划实际上是一种准备计划，它是生产部门以年度计划和订单为依据，综合企业最近生产实际后制订的计划。该计划一般要提前一到两个月制订（如1月的计划要在前一年的11 ~ 12月制订），覆盖的执行时段为一个月，内容主要包括产品的型号、批号、生产组别等，月生产计划制订后须报副总经理批准，通过后发送到各相关部门执行。

月生产计划的目的是让各相关部门做好生产前的准备工作，如有问题，必须事先向上级汇报。月生产计划表如表3-1所示。

表3-1　月生产计划表

本月工作天数：　　　　　　　日期：　　年　月　日　　　　　　共　页第　页

序号	批号	产品名称	数量	金额	制造部门	生产日期		预计出货日期	备注
						开工	完工		

2. 班组长拿到月生产计划后该做什么

（1）确认与本班组有关的内容。

班组长接到最新的月生产计划，首先要仔细确认与本班组相关的内容，如确认计划期内有无新产品，老产品的生产量有无变化，同类型的生产班组有哪些，月生产计划是否有误，计划执行的责任是否明确等。如有疑问应用笔标出问题点，并迅速向上级报告。

（2）将计划与要求公布。

如果月生产计划没有任何问题，班组长签名后将其张贴于班组的看板上，向大家公布后执行。另外，班组长要识别计划中的生产要求，着手准备 4M1E 所关联的需求事项。如果计划生产的产品全部都是老产品，计划的公布日期可以只提前一个月，但如果有新产品或试制品时，则必须提前两个月公布。

（二）周生产计划

1. 什么是周生产计划

每周工作计划主要反映的是班组在一周内包括正常生产任务等的所有重要事项。

2. 周生产计划的内容

（1）与生产相关的工程、质量、技术、工艺等文件资料的落实。

（2）生产人员是否全部到位，并接受了必要的相关培训。

（3）客户的订单是否被再次确认，供应商的材料是否有着落。

（4）库存与出货情况是否明了，要确保生产时不会造成积压。

在周生产计划公布的当天如果接收班组没有提出反馈意见，将被默认为接受。

3. 周生产计划的准备

由于周生产计划的管理期限比较短，所以，对于班组来说周生产计划比月生产计划更实际，班组长需要做好以下工作。

（1）将确认无误的周生产计划分发给班组员工，作为他们工作安排的指导。

（2）消除各种变动因素对计划可能产生的影响，如材料不到位、场地筹划欠妥、技术指标变更、工艺更改、机器维修、添置工具和治具等。

（3）进一步落实计划项目的可执行性，非特殊情形下，各种准备事项原则上应提前一天全部就位。

（4）着手准备日生产计划，并向车间主任报告。

周生产计划的格式一般与月生产计划相类似，该计划应在前一周的周三前制订，并经生产协调会议商讨后发行给各相关部门执行。发布后的周生产计划一般不予变更，但在有生产事故、重要客户的紧急订单等特殊情况时除外。虽然周生产计划可以沿用月生产计划的格式，但是，有些行业为了能更突出管理要点，周生产计划表必要时由生产部门另行设计。常用的周生产计划表如表3-2所示。

表3-2 ＿＿＿月第＿＿＿周生产计划表

单位： 组 班 日期： 年 月 日 制表：

机种	品名	数量	人、时产能	计划量	周一	周二	周三	周四	周五	备注

（三）日生产计划

日生产计划是生产现场需要绝对执行的一种计划，它是以周生产计划为依据给各班组做出的每日工作安排。车间主任在生产例会上以口头形式核准周计划中的内容，然后，再由班组长按规定格式将拆分的日生产计划写在各自班组的看板上。班组长在执行日生产计划时应达到以下要求。

（1）计划内容是不可变动的，如完不成要承担责任。

（2）如果班组不能按时完成日生产计划的数量，则通常需要立即采取措施，如申请人员支援、提高速度、加班等。

（3）如超额完成数量，需向上级报告。

（4）日生产计划中通常分时段规定了生产数量，以便于及时跟踪。

（5）日生产计划也是班组长总结生产日报的依据。

二、周工作计划

周工作计划主要反映的是班组在一周内除正常生产任务以外的其他所有重要事项，内容一般包括人（Man）、机（Machine）、料（Material）、法（Method）、环（Environment）五大方面（被称为4M1E）。周工作计划里既有上周未完成的事项，也有本周要处理的问题，该计划的目的是督促本班组按部就班地工作。

周工作计划的制订责任人和相关要求如表3-3所示。

表3-3　周工作计划制订责任人与要求

制订依据	上级指示，员工投诉，自我检查中发现的问题
制订与检查人	班组长
批准人	车间主任
制订周期	每周一次，在上周结束前完成
发布范围	班组内部，必要时向上级呈送一份
发布方式	将复印件贴在本班组的看板上
使用部门	本班组
保存方式	原件过期后归档，并保存至少一年

周工作计划一定要把上周遗留事项与本周待处理事项的具体内容罗列出来，并注明责任人、工作内容、完成状况，如表3-4所示。

表3-4　周工作计划

区分	责任人	工作内容					完成状况	备注
		星期一	星期二	星期三	星期四	星期五		
上周遗留事项								
本周主要事项								

三、人员培训计划

通常在班组进行的培训多是 OJT 方面的内容，培训目的是提升员工的操作技能，培训项目有开机方法、使用工具、认识仪表、加工配置等。

人员培训计划制订的依据为员工的操作能力、个人要求，生产现场多发的不合格现象和缺陷等。一般由班组长制订完后向相关人员征求意见，然后呈报车间主任批准。

人员培训计划一般每月拟订一次，在每月月末前完成。

人员培训计划一般发布在车间或班组内部，必要时向上级和行政部门各呈送一份。

班组的人员培训计划须包括培训类别、课程名称、授课人、培训日期、参加人员等，如表 3-5 所示。

表 3-5　人员培训计划

部门：　　　　　　制订人：　　　　　　　批准：　　　　　　　日期：

培训类别	课程名称	授课人	培训日期/时间	参加人员

四、轮流值日计划

班组常见的轮流值日计划有工作值勤和值班计划及卫生轮值计划两种。

（一）工作值勤和值班计划

工作值勤和值班计划主要用于安排非日常班组（如夜班、节假日值班等）的工作事务。

许多企业实行倒班制，班组需要安排人员值勤。例如，一家实行"三班两倒制"的企业，其班组值勤和值班计划表如表 3-6 所示。

表 3-6 班组值勤和值班计划表

部门： 装配车间 制订人： 批准人： 日期：

日期	A班	B班	C班	夜值班员	日值班员
1	○	△	●	小王	
2	○	△	●	小王	
3	○	●	△	小刘	
4	○	●	△	小刘	
5	△	●	○	小刘	
6	△	●	○	小刘	小王
7	●	△	○	小李	小王
8	●	△	○	小李	
9	●	○	△	小李	
10	●	○	△	小李	
11	△	○	●	小王	
12	△	○	●	小王	
13	○	△	●	小王	小刘
14	○	△	●	小王	小刘
15	○	●	△	小刘	
16	○	●	△	小刘	
17	△	●	○	小刘	
18	△	●	○	小刘	

说明： ○表示白班，工作时段为 8:00 ~ 20:00，中间休息 2 小时，有效工作时间为 10 小时；
　　　●表示夜班，工作时段为 20:00 ~ 8:00，中间休息 2 小时，有效工作时间为 10 小时；
　　　△表示休息，值班人员在值夜班之前和之后各休息一天，其他时间按正常上班。
　　　所有人员凡超过法定工作时间的部分，企业均按休息日或节假日计算加班费并补休，所
　　　有夜班人员均提供夜宵。

（二）卫生轮值计划

卫生轮值计划主要是安排员工按一定周期（如工作日数或工作周数）负责班组
公共区域的卫生清洁的计划。该计划一般由班组长制订后呈车间主任批准，制订时
要考虑班组的区域状态和人数。

该计划以人员实际变化为准，不限定制订周期，但习惯上每月应检查、修订一次，一般将复印件贴在本班组的看板上。

班组卫生轮值计划表如表3-7所示。

表3-7　班组卫生轮值计划表

部门：　　　　　　　　　　区域：

时间	办公室	休息室	车间	负责人	检查人
星期一					
星期二					
星期三					
星期四					
星期五					

注：1. 每日下午4:30为打扫卫生时间，请各值日人员按时清理打扫责任区域并关闭门窗及电器、设备电源；

2. 负责人做好督促工作，休假人员请自行协调调换并及时告知负责人；

3. 检查人员负责当天的日常检查并做好记录；

4. 以上内容请各位认真配合与落实，如有落实不到位者将按照班组管理制度处理。

第二节　生产计划的执行

生产计划的执行是班组长最需要关心的事情，也是与企业生产任务、生产绩效息息相关的事情，因为班组计划执行成功与否，直接影响着其他相关部门的工作。例如，塑胶部件生产班组能否按计划完成任务，直接影响到后道工序——装配线的工作。所以，班组长在接到生产计划时，需要先看清楚内容，然后带领班组认真去执行，一旦发现问题一定要第一时间上报，不要等到事到临头才想办法。

一、生产计划的执行要领

（1）根据车间下达的生产计划编制班组生产计划。

（2）组员可独立作业的，将计划落实到个人。

（3）掌握组员及班组的实际产能。

（4）将每班生产计划分解到每小时计划。

（5）利用看板管理对每小时实际产出进行跟踪。

（6）对实际产出低于标准产能80%的状况进行详细记录，分析原因，必要时请求上级协助。

（7）日计划未完成时，应考虑是否需要安排加班。

二、执行计划的技巧

（一）执行计划时要尽量减少转换模型的频次

当周生产计划中的某一时段包含多个产品模型时，班组长要从持续生产的角度出发安排日生产计划，把转换模型的频次降低到最低。

（二）优先完成容易生产的产品

如果条件许可，班组应先完成一些容易出结果的任务，再集中精力解决难题。这样可以减轻班组的部分工作压力。

（三）合理分配工作内容

作为班组长，应较全面地了解班组员工，掌握员工的做事风格。新到的员工，应尽量把那些不易发生问题的产品分给他们去做；熟练的员工，则要让他们做对技术有要求的工作，这样也能建立起员工对你的信任，增强员工的自信心。

（四）与相关部门达成共识

虽然生产是现场班组的职责，但是，它需要诸如质管、工程技术、物料等诸多部门的密切配合。只有班组与各部门的合作到位了，才能使现场的软、硬环境都对生产有利，进而能够顺利完成生产计划。

三、班组 4M1E 的准备

俗话说"磨刀不误砍柴工"。班组长在接到生产计划或者生产制造通知单后，在生产作业活动开展之前，应组织好 4M1E 的准备工作。4M1E 是指 Man（人）、Machine（机器）、Material（物料）、Method（方法）、Environments（环境），也就是人们常说的"人、机、料、法、环"现场管理五大要素，如图 3-1 所示。

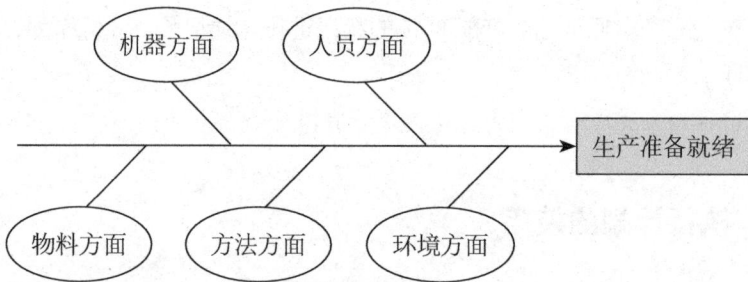

图 3-1　生产准备的五个方面

（一）人员的准备

1. 安排人员的原则

班组长在人员安排上一定要遵循以下原则。

（1）让熟悉的人做熟悉的事，因为熟能生巧，所以就某一岗位、某一机器一定要安排操作熟练的人去做。

（2）照顾新手。因为新手各方面都不熟练，所以需要给新手宽松的余地。

（3）适当满足个性。不同员工的个性不同，如果能将个性中的优点运用到工作中，可以让员工的动力增加、效率提高。班组长可以在人员安排时适当满足员工的个性。

（4）充分发挥个人特长。班组长在安排人员时，要根据员工在工种、技术业务等级、熟练程度等方面的差别，分别安排他们到条件合适的岗位上去，要避免这一工种的员工做另一工种的工作、基本员工做辅助员工的工作、技术等级高的员工做技术等级低的工作等分配不合理情况。

（5）确保"一碗水端平"。班组长注意公平、公正，不要给某个员工"穿小鞋"，也不要偏袒某个员工。

2. 掌握工位平衡

工位平衡是指流水线上的各工位完成作业所用的时间要相当，也就是说各工序的作业量要保持平衡。保持工位平衡的好处有：生产线不会堆半成品；不会有人忙得不可开交，有人却闲得无所事事；不会造成漏工序；可以保持流水线顺畅，顺利完成计划。

3. 有效安排生产线

班组长依据作业步骤图和现场配置图来进行排拉，并制作排拉表。

（1）排拉表的作用

排拉表对生产管理起着指导作用，班组长可根据排拉表上的时间、人数、设备、工具、辅料等内容，进行生产前的计划或安排，以确保生产顺畅。其具体作用表现在以下几个方面。

①可以了解各道生产工序的快慢和所需人数。

②通过排拉表可以看到工序之间的前后关系。

③后道工序可以检查出前道工序的错误。

④后道工序不会对前面加工出的产品有损害。

⑤可以平衡各工序的生产进度。

⑥可以给每个工序分配出合理的工作空间和时间。

⑦可以明确地计算出生产时间、非生产时间、检验时间。

⑧可以计算出每日的生产能力及生产效率，并通过对比来了解和改进差距。

（2）排拉表的分类

根据生产变化情况排位表一般可分为正常工序生产排拉表和非正常工序生产排拉表（也称加工排拉表）两类。

（3）正确认识排拉表

有些班组长认为排拉表没有用或者与自己没有关系，因此随便乱放或根本不去看它，这都是不正确的。班组长应该吃透排拉表，做到心中有数，并以此来安排生产和了解班组的生产能力，作为改善或调整工作的基础。

（4）编写排拉表

班组长在编写排拉表前必须清楚以下事项。

①每个工序生产需用的总时间或每小时的产量。

②生产线或机器最大可容人数。

③要求每小时的产量是多少。

④根据产量计算所需用的人员和设备、工具的数量。

⑤各工序生产所需用的辅助物料。

⑥生产性时间、非生产性时间和检验时间的划分。

⑦各工序的操作方法。

案例

　　某电器厂一生产线有 10 个工位，班长依据生产作业步骤和 IE 工程师给定的标准工时，在结合作业人员的实际情况后制作了如下工序排拉表。

工序排拉表

工时单位：秒　　　　　　　线别：A2　　　　　　　日期：2022 年 2 月 15 日

工位	标准工时	节拍工时	配置方式	配置人数	实用工时	姓名	备注
下机	25		新手	1	28	小杨	
加工	29		一般	1	29	小彭	
安装	30	45	一般	1	30	小张	
配置	40		一般	1	40	小王	
组装	42		熟手	1	39	小邓	
目检	35		熟手	1	38	小徐	
调试	86		熟手	2	各 38	小朱、小罗	
检查	88	45	熟手	2	各 39	小李、小赵	
组合	40		一般	1	40	小杨	
包装	35		新手	1	38	小王	

　　该生产线的班长按照该表进行人员安排，使得实际的节拍时间由标准状态的45 秒减少到43 秒，从而最高能增产 4%。这里的排拉手法有三个特点，具体如下。

　　（1）分解调试和检查位安排 2 个人作业。

　　（2）下机和包装位采用新手作业，延长了实用工时。

　　（3）组装、目检、调试、检查位采用熟手，降低了实用工时。

（二）设备、工具的准备

1. 设备的准备

　　生产设备是否处于良好的状态，能否正常运转，是保证生产作业计划完成的一个重要条件。

　　在制订作业计划时，要按照设备修理计划的规定，提前为待修设备建立在制品储备，或者将生产任务安排在其他设备上进行，以便确保设备能按期检修。设备部门要按照计划规定的检修期限，提前做好准备工作，按期把设备检修好。班组作业人员平时也要认真检查设备，保证设备整齐、清洁、安全、润滑。

2. 工具的准备

生产前，班组长首先要对工具进行管理，要做好以下工作。

（1）准确编制计划。根据班组的生产需要，制订班组的工具需求计划，并与其他班组进行协调。

（2）保证及时供应。班组按规定手续进行工具的领用和借用，每个班组应有"工具使用保管卡片"，记录作业人员领用工具的型号、数量、名称、规格、日期，应根据工艺文件的规定，适当、适量领取。对于共用工具也应建卡管理，个人使用时办借用手续，进行登记，用完后及时归还。个人工具借用卡如表3-8所示。

表3-8 个人工具借用卡

编号： 姓名：

项次	工具名称	规格	借用数量	借用日期	预定归还日期	借用者签名	实际归还日期	经办者签名

（三）生产物料的准备

生产物料包括原料、半成品、配件等产品用料，其准备工作相当重要。如今，工业产品的生产分工越来越细化，一个产品往往有几种甚至几十种配件或部件，通常要几个部门共同协作才能准备好。

1. 领料

为保证生产需要，生产班组必须按照生产计划、工作指派向物料管理部门或仓储部门领料。

（1）物料领取的方式

①发料。由物料管理部门或仓储部门根据生产计划，将仓库储存的物料，直接发放至生产现场。对于生产计划中直接需求的物料一般采取发料的方式。一般来说，计划部门提前 2 ~ 3 天就会将要进行的生产工作所需的物料清单指派给货仓备料，而货仓在现场制造前 2 ~ 4 小时内必须向制造现场发料。

②领料。由班组领料人员在某项产品制造之前，填写领料单，向仓库领取物料。

（2）发料领料的单据

发料领料时都要填写规范的"领料单"，因为这不仅是发料领料的依据，而且是进行物料控制的依据，是进行发料领料统计以及订单、产品物料消耗统计的最原始凭证。填写"领料单"时一定要注明所领物料的用途、订单编号等，这样领料的数量是否在所控制的指标范围之内便可一目了然。

某一订单产品所需要领取的物料品种和数量，一定要根据物料清单上的品名、规格、数量来认真计算，尤其是某一订单中不同产品用到同一种类的物料时，更要进行认真仔细的核算。

2. 物料在现场的放置

生产现场物料的放置非常重要，如果这项工作做不好，很容易造成合格物料与不合格物料混在一起，从而影响后续加工过程中的产品质量。若同一品种不同规格的物料放在一起（尤其是规格区分不大的情况下），则容易造成混装，如将 B 产品的零件装到 A 产品上，生产出不合格品，并导致成本难以控制等一系列问题。

（1）划分物料放置区域

为了方便物料的区分，在现场的物料放置区域，可划分为表 3-9 所示的几个区域。

表 3-9　现场物料放置区域的划分

序号	区域划分	说明
1	合格材料区	用来放置即将要投入生产的合格物料
2	不合格材料区	用来放置作业中发生或发现的不合格品（通常需要采取隔离或封锁措施，以防误用）

（续表）

序号	区域划分	说明
3	辅助材料区	用来放置周转、加工等辅助工序用的物料
4	半成品放置区	用来放置或转移在制品
5	成品待检区	用来放置完成品
6	合格成品区	用来放置 QA 检验合格的产品（该区域可规划给仓库）

（2）按"三定"原则放置物料

放置物料的"三定"原则如图 3-2 所示。

定品	定位	定量
根据物料特性要求确定放置环境和场所，如温度、湿度、防尘、防水、防震、防污染、防静电等要求	确定物料的放置体位、状态和具体位置，确保放置合理、转移环节最少和取用方便	确定存放物料的数量。配发的材料以满足半个工作日的生产用量为宜，不可太多或太少，在领用材料时也应遵守这个原则

图 3-2　放置物料的"三定"原则

（四）工艺和技术文件的准备

工艺和技术文件是计划和组织生产活动的重要依据，包括产品和零件的图纸、装配系统图，毛坯和零件的工艺规程，材料消耗定额和工时定额等，这些都需在生产前提前准备好。

1. 工艺和技术文件的种类

现场使用的工艺和技术文件的种类如表 3-10 所示。

表 3-10　工艺和技术文件的种类

序号	种类	内容或用途
1	工艺流程图	工艺流程图是说明产品制造与加工过程顺序的示意图。工艺流程图作为制作 QC 工程表时的基础资料使用。个别接单生产的工厂只用工艺流程图作为标准书向作业人员进行说明、指导

（续表）

序号	种类	内容或用途
2	图纸、零部件表	图纸、零部件表作为零部件加工和组装作业时的基准资料使用
3	作业指导书	作业指导书是规定作业方法与要求的技术性文件。作业指导书中必须包括作业名、顺序、加工条件（加工方法）、材料、管理要点（含频率）、作业步骤及方法、使用设备（治具）、适用机种、管理号、做成日、做成人员签名、审查签名、改订栏等
4	作业标准书	作业标准书中应写明作业人员要进行的作业内容，以起到传达作业内容的指导作用
5	QC 工程表	QC 工程表内写有生产现场的工艺步骤及其作业内容，在保证质量、技术和对生产现场的指导、监督上发挥作用。另外，在不合格品发生和工伤事故发生时，可据此探明原因以及建立对策和解决方案
6	工厂规格	工厂规格对与生产有关的各种规格作出规定，是进行各种作业时的基准资料。工厂规格的种类包括：图纸规格、制图规格、设计规格、产品规格、材料规格、零部件规格、制造作业的标准、工程规格、治具规格、设备规格、检查规格、机器检查工具规格、包装规格、一般规格等
7	BOM 清单	BOM 清单是产品全部构成材料的清单
8	样板	样板是能够代表产品质量的少量实物。它或者是从整批产品中抽取出来作对外展示模型和产品质量检测所需的；或者是在大批量生产前根据产品设计而先行由生产人员制作、加工而成的。作为买卖交易中商品的交付标准的。样板是制造与检验标准工艺装备、生产工艺装备、零部件和组合件的依据
9	工程变更通知单	工程变更通知单是工程部发布的工程变更指示书。工程设计、结构、原材料、作业方法、工序及生产场地等，所有涉及生产方面的变更都要以工程变更通知单的形式进行通知

2. 确保技术性文件准确

班组长在准备工艺和技术标准文件时，要确认所有的文件都是最新版本。如果不是最新版本，那么，员工制造出来的产品会达不到客户的要求，甚至有可能是废品。在确认技术性文件时应注意图 3-3 所示的要求。

① 是否受控	→	技术性文件必须是受控文件，由专人保管、分发，并且有发放范围的限制。要杜绝作业人员擅自复制文件
② 是否唯一	→	班组所收到的技术性文件必须是唯一的和完整的，如果残缺不全，或者有多个版本，则一定要更换和使用最新版本
③ 是否专用	→	技术文件资料要专项使用，借阅时要进行登记，并且生产完成后要按时归还
④ 不准涂改	→	凡是被擅自涂改的受控文件均被视为失效
⑤ 及时归还	→	凡是在一定时期内（一般为一年）不使用的受控文件，要及时归还至发放部门或企业文控中心保管

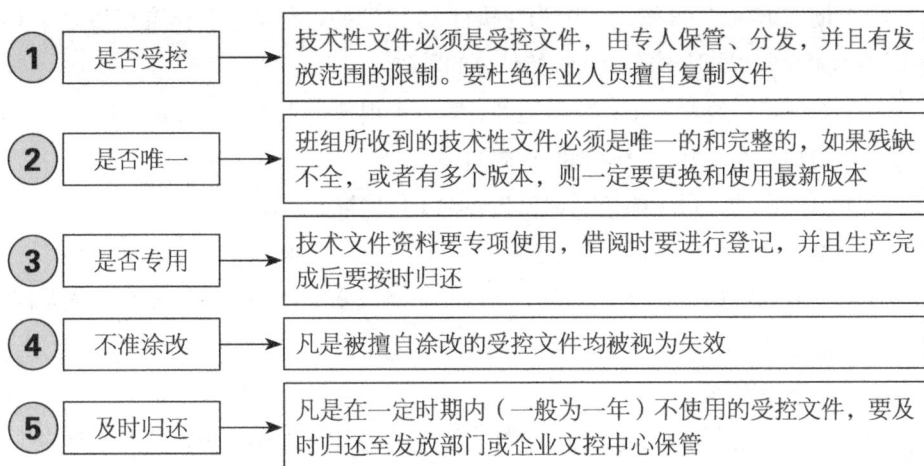

图 3-3 确保技术性文件准确的要求

3.进行相关培训

准备好这些工艺和技术文件后，班组长要组织组员进行学习，对于新产品、新工艺，要请相关部门，如工艺部、设计部的工程师来进行指导。如果班组里有新员工，则更要加强对其的培训。

（1）新员工培训。

①讲给新员工听：把作业方法及要领讲给他们听。

②做给新员工看：把动作要领、步骤做给他们看。

③让新员工试做：按动作要领和步骤让他们做做看。

④纠正后，再让新员工试做：纠正他们的错误做法和非标准作业，对步骤进行再指导，直至他们做得完全正确为止。

（2）熟练员工的作业指导。

有许多熟练员工在自己的作业中掺杂了自己的习惯动作，其中有些是不正确的，因此有必要通过指导将这些不好的习惯纠正过来，使熟练员工作业标准化。

（五）创造良好的生产秩序和环境

1.现场秩序管理

现场秩序包括劳动纪律、工作风气、人员面貌和行为素质等内容。管理的目的一方面是要确保作业人员能够按企业的规定从事工作，另一方面要促使员工积极、主动地维护现场的秩序。现场秩序管理包括以下内容。

（1）彻底地执行 5S 管理，因为在执行 5S 管理的过程中，自然会产生遵守生产秩序的现场氛围，同时也能确立维持秩序的基础。

（2）教导员工遵章守纪：没有迟到、旷工等现象，人人都能服从管理。

（3）精神状态良好：没有萎靡不振的员工。

（4）自觉行动：员工能自觉地参与各种工作的准备活动。

（5）维护公共秩序：确保自己的行为符合规范和要求，不妨碍他人。

（6）学习和掌握工作要点：对于新产品、新技术要加强训练，使作业人员能熟知重点作业的内容。

2. 倡导自主管理

自主管理就是要求员工以自己管理自己的心态处理工作事项，并及时报告工作中发现的异常，主动采取措施处理，而不是等管理人员催促了才解决。班组长从一开始就要帮助员工树立这种思想，在班组内形成良好的风气。

3. 现场环境管理

现场环境包括现场的温度、湿度、污染、噪声和安全等内容。现场环境管理的目的一方面要确保员工能够在生产现场愉快地工作，另一方面也要保证产品和设备所要求的环境条件符合要求。现场环境管理通常需要准备以下内容。

（1）点检各种环境指标，检测器具的有效性，并记录显示的数据。

（2）当发现有不符合标准的情况时，要及时采取处理措施，并确认处理结果。

（六）对 4M1E 准备的检查

班组生产的准备工作比较繁杂，须运用一些工具来做跟进，否则有可能会错漏一些工作。生产准备检查表和生产准备情况调查表是两种在企业实际生产中运用较为广泛的表单，具体如表 3-11、表 3-12 所示。

表 3-11　生产准备检查表

产品编号		名称		生产日期	
类别	确认项目		确认资料	资料来源	检查结果

表 3-12　生产准备情况调查表

产品名称：　　　　　订单号：　　　　　批量：　　　　　生产日期：

准备项目	具体内容	进行状况	确认
技术文件			
原材料与外协件			
机器设备检修			
工艺装备准备			
人员准备			

四、生产作业分配

生产作业分配是用派工指令的方式对每周、每日、每个轮班以至每个小时各个工作岗位的生产任务进行具体安排，并检查各项生产的准备工作，保证班组能够按生产作业计划进行生产。

（一）生产派工方法

企业的生产类型不同，其班组生产派工的方法也有所不同。

1. 标准派工法

大量生产的班组，每个岗位和员工固定完成一道或少数几道工序，在这种条件下，生产作业派工可采用标准计划或标准工作指示图表来进行。标准计划是指把各工作岗位的加工工序、加工顺序、日产量、员工工作安排等都制成标准，固定下来，员工每天按照标准计划进行工作，不必经常分配任务。当某月的产量有变动时，只需要调整标准计划中的日产量即可。

2. 定期派工法

定期派工法适用于成批生产。根据月生产作业计划，定期为每个班组分派工作任务。生产作业派工时，要考虑保证生产进度，充分利用设备能力，同时要编制零件加工进度计划和设备负荷计划。派工时还要区别轻重缓急，保证关键零件的加工进度和关键设备负荷的饱和度，分派给每个班组和班组员工的任务要符合设备的特点和员工的生产技术水平。

3. 临时派工法

临时派工法适用于单件小批生产。在单件小批生产条件下，生产任务杂且数量不定，各班组担负的工序和加工零件品种多、数量小，所以一般都采用临时派工法。生产进度也主要靠临时派工调整班组中人力和设备的使用来控制。

临时派工法是根据生产任务和生产准备工作的实际状况，根据班组的实际负荷状况，随时把需要完成的生产任务下达到各个班组，分配任务时一般都采用任务分配箱作为派工的工具。分配箱为每个班组设三个空格，分别存放已指定、已准备、已完工的生产任务单。当班组被指定完成一项新任务、正在进行准备工作时，任务单放在"已指定"一格。当班组完成作业准备工作、开始加工时，将任务单从"已指定"一格取出，放入"已准备"一格。当工作完成作业后，将任务单从"已准备"一格取出，放入"已完工"一格。利用任务分配箱可以帮助计划调度员和班组长随时掌握各班组的任务分配情况、准备情况及工作进度。

4. 轮换派工法

班组中有一些劳动条件比较恶劣的工作岗位，还有一些岗位使班组员工身体的某些部位高度紧张，容易造成疲劳。当班组员工的疲劳和不适接近或达到生理承受极限时，其情绪会变得不稳定，从而影响生产效率和产品质量。所以对从事这些岗位的班组员工，可以实行轮换派工法，让他们在每个轮班内，一半时间在该岗位工作，一半时间换到其他岗位工作，以减少和消除班组员工的疲劳和不适感，使他们保持情绪稳定。

（二）做好加工作业分配

1. 加工作业的特点和分派方法

加工作业通常具有下列特点：作业场所在生产线外，作业时间有一定提前性，作业量仅在日生产计划中有所反映，作业人员一般都是排拉后的富余人员，作业位置不一定能固定。鉴于上述情况，班组长有必要灵活地管理加工作业，在具体分派时应遵守下列方法。

（1）一定要设置必要的提前期，确保加工作业不耽误正常作业。

（2）选择位置时应注重方便、就近的原则，减少重复搬运。

（3）加工作业的作业量可以依据平时的生产经验灵活增减。

（4）班组富余人员数量的多少也可以作为加工作业灵活调节的依据。

2. 安排加工作业时应注意的问题

班组长安排加工作业时要注意加工位置、加工流程、加工时间、加工数量这四个关键点。其中，后两个关键点取决于生产计划，不是现场管理的重点；前两个关键点具有很多可变因素，是实施现场管理的重点。

五、进行巡查以掌握生产进度

班组长在每一款产品刚上生产线或刚进行开料时，就要及时进行跟踪巡查，这主要有以下两方面的原因。

（1）从开料时进行跟进，零部件少，便于认识产品，若中途才去巡查，生产已经在各工序全面铺开，在制品及零部件较多，很难辨认。

（2）从产品一上线就注意对各个环节进行巡查，有利于全面把握生产进程，及时发现问题，也便于准确跟踪进度。

六、及时处理生产异常

生产异常是指因订单变更，交货期变更（提前）及制造异常、机械故障等因素造成产品质量、数量、交货期脱离原定计划等的现象。生产异常在生产作业活动中是比较常见的，班组长作为现场管理人员，应及时掌握异常状况，适当适时采取相应对策，以确保生产任务的完成，满足客户对交货期的要求。

（一）生产异常产生的原因

（1）计划异常，即因生产计划临时变更或安排失误等导致的异常。

（2）物料异常，即因物料供应不及时（断料）、物料质量问题等导致的异常。

（3）设备异常，即因设备、工装不足等导致的异常。

（4）质量异常，即因制程中出现了质量问题而导致的异常，也称制程异常。

（5）产品异常，即因产品设计或其他技术问题而导致的异常，也称机种异常。

（二）生产异常的判定

（1）根据企业的异常情况及时呈报机制，在生产活动中遇有异常，班组长应及时做出反应。

（2）通过"生产进度跟踪表"对生产实绩与计划产量进行对比，以了解生产是否异常。

（3）设定标准以判断生产是否异常。

（4）运用看板管理以迅速获得异常信息。

（5）设计异常报告与分析表单，如"生产异常报告单""质量异常报告单""物料异常分析表"，以利于异常呈报机制的运作。

（6）召开会议讨论，以制定异常问题对策。

（三）生产异常反应

（1）订单内容不明确或订单内容变更时，应及时反应或修正。

（2）交货期安排或排程异常时，应以联络单等的方式及时反映给销售或生产管理部门。

（3）生产指令变更（数量、日期等）时，应以生产变更通知单的方式及时提出修正。

（4）生产中的异常已影响质量、产量或直通率时，应立即发出异常报告。

（5）出现其他异常，如故障、待料等，可能造成不良后果时，应立即发出生产异常报告单（见表3-13）。

表3-13　生产异常报告单

生产批号		生产产品		异常发生部门	
发生日期		起讫时间	自　时　分至　时　分		
异常描述			异常数量		
停工人数		影响度		异常工时	
紧急对策					
填表单位	主管：		审核：		填表：
责任单位分析对策					
责任单位	主管：		审核：		填表：
会签					

七、紧急生产任务的安排

紧急生产任务是指那些需要打破常规生产计划的节拍，先行制造，急于出货的产品生产任务。

（一）紧急生产任务的特点

（1）出货时间一般不确定，但越快越好，交货期限紧迫，小于正常的作业允许时间。

（2）紧急生产任务在形式上暂时打乱了正常的生产秩序，由于生产任务来得突然，各种生产准备不一定就绪，如缺工具、夹具等；出货紧急，没有太多的时间处理争议问题；生产、检验、试验等的步骤需要加快，甚至部分省略；成品可能不需入库就发货。

（二）紧急生产任务的应对

当遇有紧急生产任务时，班组长一定要配合上级领导全力完成任务，一般可通过以下方式来安排生产。

（1）识别具体任务的紧急程度（顾及客户指数），区别处理。

（2）急事急办，派专人迅速准备 4M1E 事项。

（3）实行简易方式转产，冻结或清理原有生产制程。

（4）指派得力的小组长直接跟踪实施过程。

（5）与手头上不那么紧急的产品调换生产，可以选择加班完成。

（6）估算需要的完成时间，实际完成后立即向上级报告。

八、计划延误的处理

在企业日常生产中，难免会出现任务不能按时按量完成的情况。例如，当机器设备发生临时故障时，就会出现生产速度下降或停顿的现象；当材料供应不合格时，就会出现因材料质量欠佳无法使用而不能完成任务的现象；当人员不稳定时，就会出现作业效率下降的现象；当制程发生异常工艺问题时，就会出现产品直通率降低、不合格率增加的现象。这些问题的发生，都可能导致生产任务难以完成。不管是什么原因，班组长都应冷静分析原因，认真采取应对措施。

（一）发现并公布延误

1. 记录并总结延误情况

当生产班组每日的工作结束后，班组长要总结一天的工作情况，了解当日的生产是否有延误发生。例如，生产数量没有按计划完成，比原计划延误了 50 件。班组长应将所有的延误情况都记录下来。

2. 上报并向员工通报

出现延误较为严重（影响交货期、质量等）的情况时一定要报告上级，求得具体指示，同时也一定要在次日的班前会上通报，告知每一个员工昨天出现的延误情况，以引起大家的重视并指出改善的方法。这么做，员工也会感觉到进度延误的严重性，工作时会格外注意，有意识地加以改善。

（二）分析延误的原因

对出现延误的原因，生产现场的班组长、管理人员要认真分析，因为这些问题都发生在自己周围，只要工作时稍加留意就很容易发现问题的原因（如停电、工具故障修理、新员工作业等）。

如果班组长找不到原因，可以向上级报告，共同讨论（或开会讨论），也可告知员工原因不明，大家可以在哪几个方面注意，如果大家有好的方案也可提出。这样很可能使一些不明原因的延误，在员工中间得以解决。

（三）延误改善方法效果的确认

当延误查明原因后，通常好的改善方法也就浮出水面了。为了杜绝此类延误的再发生，应对改善方法进行效果确认。很多时候现场员工只注意查找原因，实施改善方法，但经常忽略对改善效果的总结。班组长应总结出哪些改善方法效果好，哪些方法是失败的；好的方法一定要将其记入作业指导书或注意事项等相关文件中去。只有这样才能使改善的结果延续下去，再出现此类问题时才不会重蹈覆辙。

（四）补救计划

确定了改善方法以及对策方案后，就要制订和执行补救计划。补救计划应该是在工作时间内完成补救生产的计划，而不是累计起来集中到某一休息日（如星期天）让员工加班生产来达到补救生产目的的计划。现以某产品生产数量延误 100 件为例，制订的补救计划如表 3-14 所示。

表 3-14 补救计划

品名	日期	22	23	24	25	26	27	28	29	30	备注
××电子零器件	日生产计划	800	800	800	800	星期天	800	800			
	补救	20	20	20	20		20				
	日实累计	816	818	820	822		816	808			
	差异累计	-4	-6	-6	-4		-8	0			

（1）当产量的欠缺数量小于日计划的 25%，且不存在阻碍生产的直接因素时，班组长应安排加班完成生产任务。

（2）当加班容易导致员工疲惫时，班组长应向上级提出申请，寻求支援。

（3）对于欠缺数量较大和仍然存在一些阻碍生产因素的情况，班组长应报生产管理部门，安排临时计划来协助完成任务。

（4）加班或制订临时计划仍不能解决问题的，班组长应通报生产管理部门申请修订周生产计划。

九、生产日报——了解计划的完成情况

生产日报的用途在于，使生产主管及高层领导能够了解生产进度，发现生产异常，并能依此做出适当处理。班组常用的日报表有两种：一种是以个人为单位报告工作的日报表（见表 3-15），另一种是以班组或部门为单位报告工作进度的日报表（见表 3-16）。生产日报表至少要体现如下内容。

（1）产量：以此了解生产进度。

（2）工时：以此了解实际工时的耗用。

（3）效率：以此运用绩效管理提高工效。

（4）成本方面必需的基础资料：以此准确核算成本。

对于生产日报，每个企业都有自己的栏目样式与要求，班组长必须认真地对各个栏目进行填写。

表 3-15　个人生产日报表

姓名：　　　　　　　　　　　　年　月　日

工种	品种	工序	产量			工时利用		
			毛数	入库数	合格数	准备	生产	停工分析
废品分析	变形	气泡	杂质	碰坏	炸裂	毛口		
班组长：					检验员：			

表 3-16　班组生产统计日报表

班　　　　　　　　　　　　　　年　月　日

产品品种	计划产量	生产数		返工合格	回收数	废品数			生产工时	停工工时					辅助工时			总工时
		毛生产数	净生产数			主观原因	客观原因	总数		因动力	因设备	因材料	因制品	无任务				

待加工在制品转移			已加工在制品转移			实有人数：			实做人数：					

产品品种	上班结存	本班领料	本班结存	上班结存	交后工序	本班结存	假别＼姓名	病	事	产	丧	婚	公	探亲	工伤	迟到
生产情况摘要																
班组长：				统计制表：												

第四章

高效生产管理

生产管理是对企业日常生产活动的计划、组织和控制，是和产品密切相关的各项管理工作的总称。班组生产管理是班组长以班组的生产活动为对象进行的管理。班组生产管理的任务是根据车间或工段下达的生产作业计划，运用人力、物力、财力、技术、知识、信息等一切可利用的资源，保证按照一定的品种、质量、数量、成本、时间等要求完成生产任务。

第一节　生产管理的基本方法

一、5W2H 法

"5W2H 法"是抓住问题、分析问题、解决问题的一种重要方法，它为我们提供了面对问题时的解决思路。5W2H 的目的是协助我们发掘问题的根源所在以及可能的改善途径。还有人提出了"5X5W2H 法"，其中 5X 表示 5 次，代表对问题的质疑不要只问一次而要多问几次，当然这个 5 是个概数，可多可少，保证解决问题即可。

（一）5W2H 的含义

5W2H 法即问做什么（What）、何人做（Who）、何时做（When）、何地做（Where）、为什么做（Why），以及怎样做（How）和做多少（How much），从而形成改善方案。

What——做什么，用以明确工作任务的内容及目标。

Who——由谁来执行、谁来负责，用以明确工作任务的对象。

When——什么时候开始、什么时候结束、什么时候检查，用以明确工作任务的日程。

Where——在哪里干、从哪里开始、到哪里结束，用以明确工作任务的实施地点、空间位置和变化。

Why——这样干的必要性是什么、有没有更好的办法，告诉员工工作的重要性可以使他更负责任或受到激励。

以上五个单词的首个字母都是"W"，因此称为"5W"。

How——用什么方法进行，用以明确工作任务的程序和方法。

How much——做多少、做到什么程度为好、会花费多少成本，用以明确工作任务的范围及解决问题所需的成本。

这两个单词的首个字母都是"H"，因此称为"2H"。

用 5W2H 方法进行提问，有助于思路的条理化，杜绝工作的盲目性。表 4-1 为某企业用 5W2H 法分析问题的示例，仅供参考。

表 4-1　用 5W2H 法分析问题

序号	内容（问题、议题）	目的（目标）	场所	时间（计划）	方法（对策内容）	费用	责任人
	What	Why	Where	When	How	How much	Who
1	在制品数量不清（卷材、实心带）	把握在库	材料仓库	6 月 10 日 ~ 15 日	（1）实心带每日存库（2）卷材每日存库	无	小王小罗
2	材料发单跟催	材料确保	各部门	6 月 10 日 ~ 15 日	（1）发单检查书（2）发单管理表	无	小彭小邓
3	冲压机及模具确认修理	冲压模具尺寸大	冲压部	6 月 10 日 ~ 15 日	（1）更换模具（2）模仁两侧各磨 0.05mm	无	小杨
4	试模	确认尺寸修模效果	冲压部质管	6 月 10 日 ~ 15 日	（1）试模品 50PCS 试操作（2）尺寸检查	无	小张小周
5	量产开始	生产 100PCS	生产部	6 月 10 日 ~ 15 日	（1）工程确认（2）组装现状确认	无	小陈

（二）5W2H 法应用拓展

在工作中充分运用 5W2H 方法解决问题可以取得事半功倍的效果。例如，有关汇报的问题也可以从七个方面进行解决。

这次汇报的主要内容是什么？

为什么要使用这个方案？

它能达到什么样的目标？

应该在什么地点、什么时候进行，由谁来执行、谁来负责？

现在进行到什么阶段，预计什么时候能结束？

是否需要其他人的配合？大约会花费多大的成本？

将相关情况一一列出后，汇报工作基本上就很明了了，利用这种方法来考虑问题更有利于管理工作的条理化。

二、三直三现主义

"三直三现主义"源于日本，其内容是指直接现场、直接现品、直接现象。

生产现场每天都会发生新的问题，如不合格品较多、工伤事故、混装货物等，管理人员在听到这样的问题汇报时应该首先到现场去看一看，而不是坐在会议室里想象问题场景。直接到现场了解情况，大多能直接发现问题发生的原因，这时马上进行处置和实施对策，即可用最短的时间解决问题，提升处理问题的效率。这就是三直三现主义。

三、5 个为什么问题解析法

班组长在做工作时需要有打破砂锅问到底的精神，对于许多现场问题，尤其是质量问题，只要你多问几个"为什么"，就会找出问题的所在，解决问题的方法也会随之浮出水面。

5 个为什么问题解析法的特点就是直接就问题点发问，回答也只需要就问题直接作回答。回答的结果又将成为下一个发问的问题，这样一直追问下去，连续 5 次就可问出问题发生的真正原因，找到解决问题的办法。

某班长发现生产现场的地板上有一摊油，他把当班的一个员工叫过来询问："为什么地上会有油？"

员工回答："啤机正在漏油，啤机上有个破洞。"

班长："为什么啤机会破一个洞？"

员工："塞子坏掉了。"

班长："为什么塞子会坏？"

员工："采购部门说这批塞子的价钱很便宜。"

班长："为什么采购部门可以要到这么好的价钱？"

员工："我怎么会知道。"

班长打电话询问采购部门，结果发现是企业有鼓励低价格采购、节约成本的政策，因此才会出现这批问题塞子，导致啤机漏油，地板上一摊油。

班组长首先挑一个感觉能由此解开问题的线索，问大家第一个为什么："为什么这个事情会发生？"这时可能会得到三四个答案。把这些答案都记录在纸上，并在答案四周留下充裕的记录空间。

针对每个回答再问"为什么"，把答案写在第一个问题的旁边。对于可能的答案继续提问，这时班组长会发现这些答案逐渐开始整合，并能够最终回溯到一两个根源问题。

在提问时班组长注意不要去责怪别人，而应聚焦在问题本身，这样才能找到实质性的解决方案。

四、现场巡查法

现场巡查就是走动式管理，试想班组长如果只坐在自己的办公桌前，又怎能了解本班组的生产进度、产品质量状况和员工精神状态呢？

（一）生产现场巡查目的及要点

进行生产现场巡查的目的如图 4-1 所示。

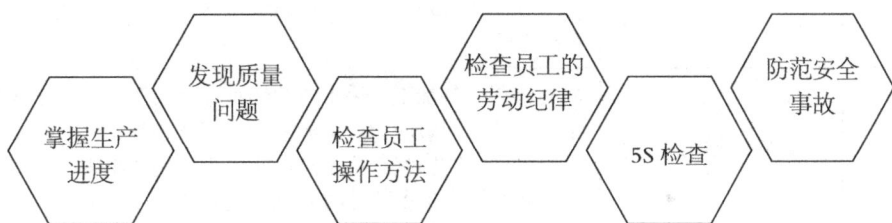

图 4-1　生产现场巡查的目的

1. 掌握生产进度

生产进度落后，是许多企业生产作业管理的常见问题。是否能够准确掌握进度情况也就成了生产现场巡查的主要内容之一。如果想通过现场巡查发现生产落后的问题，需要巡查人员对生产进度非常了解，对生产工序非常熟悉。

（1）要熟知产品及产品零部件。班组长应当对生产线上的订单了如指掌，否则，无法判断各班组是否按计划在进行生产；无法发现员工是否将急着交货的产品放在一边，而在做不急着交货的产品；无法发现是否有不配套隐患等。

（2）要了解产品的生产工艺。班组长了解产品的生产工艺，从而可以更好地在巡查过程中发现问题，可以对各道工序生产的平衡状况进行评估，进而及时发现问题、解决问题。

（3）要从产品一上线就进行巡查。每一款产品刚上生产线或刚进行开料时，就要及时进行跟踪巡查，这样做的好处在于：

●从开料时进行跟进，零部件少，便于认识产品，若班组长中途才去巡查，生产已经在各工序全面铺开，在制品及零部件较多，很难辨认；

●便于准确跟踪进度，班组长从产品一上线就注意对各个环节进行巡查，有利于全面把握生产进程，及时发现问题。

2. 发现质量问题

发现质量问题要从以下几个方面着手，具体如表 4-2 所示。

表 4-2　发现质量问题的关键点

序号	关键点	原因
1	质量问题多发环节	在一个产品的生产过程中，或一个企业生产活动的若干道工序中，一般都存在着一个或几个质量问题多发环节，这个环节可能是某台设备经常出现问题或产生较大的加工误差，也可能是某一工艺技术一直不成熟，还可能是控制水平不过关或人为因素等，班组长对这些问题多发环节应该在巡查时多加注意
2	手工作业集中的工序	相较于用设备加工，手工作业较难控制质量。每一个人的工作经验、理解能力、反应能力、责任心等不同，对于产品质量产生的影响都会不同，所以手工作业集中的工序班组长要在巡查中多花时间去观察和认真进行检查
3	关键工序的质量问题	每一个产品的生产都有一两个关键工序，它直接影响了产品的质量，这些工序也是巡查的重点
4	新工艺、新材料	用到新工艺或使用新材料的工序、部位，往往都会因为技术不成熟或经验不足而出现各种问题，班组长在巡查时要特别注意
5	新员工较多的工序	工作经验不足也是出现问题的原因之一，新员工较多的工序，常常是问题多发、效率最低和管理较难的工序

3. 检查员工操作方法

检查员工操作方法主要包括以下几个方面内容。

（1）作业人员劳动防护用品及个人标识是否佩戴。

（2）作业人员是否与设备标识的操作人员相同。

（3）作业人员有无带病及疲劳作业。

（4）作业人员有无按照正常的操作程序进行操作。

（5）作业人员有无按照正确的工艺流程进行作业。

（6）半成品的码放是否符合要求。

（7）超重、贵重物品的移送是否符合规范。

（8）作业人员是否依照操作指导书的要求进行作业。

（9）作业人员离机时是否关机或将机器拨至自控状态。

进行操作方法的巡查时，首先要求班组长要熟知操作方法。只有自己知道标准操作方法，才能去判断员工操作方法的正确与否。其次，对于作业内容应建立作业标准文件。作业标准文件是员工作业的依据，作业标准应该规范、科学、严谨，并且要加强培训，使每个操作员都明确掌握。

4.检查员工的劳动纪律

劳动纪律巡查有以下几个要点。

（1）作业人员的岗位标识是否清楚。

（2）作业人员的出勤情况如何。

（3）作业人员是否有串岗、离岗行为。

（4）作业人员是否在干私活。

（5）作业人员是否认真，有无东张西望、作业不专注的现象。

5. 5S 检查

5S 主要检查以下事项。

（1）现场有无用途不明的物品。

（2）现场有无内容不明的物品。

（3）现场有无空的容器、纸箱。

（4）现场有无不要的物品。

（5）输送带、物料架下面有无放置杂物。

（6）现场有无乱放个人物品。

（7）有无把东西放在通路上。

（8）物品有无按照要求和通路平行或成直角堆放。

（9）有无已经变形的包装箱。

（10）工具、量具、模具等是否放在规定位置。

（11）有无将物品直接放在地面上的情况，移动是否容易。

（12）架子的后面或上面是否放置不相关的物品。

（13）架子及保管箱内，是否按照所标示的名称放置物品。

（14）危险品是否有明确标识，灭火器是否在规定位置。

（15）作业人员的身边是否放有杂物。

（16）同样的零部件是否散置在几个不同的地方。

进行 5S 现场巡视，最好事先准备好"检点表"，这样班组长在巡视时可边检查边打分。

6.防范安全事故

在巡查中要注意防范的安全事故主要有以下四类，具体如图 4-2 所示。

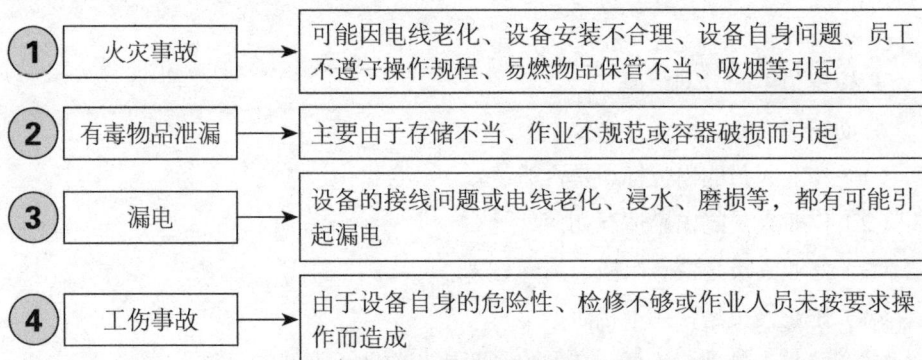

图 4-2　安全事故的种类及原因

安全事故常常是由设备问题所引起的，所以，进行设备检查对于防范事故和发现安全隐患具有重要意义，进行设备检查时常用"看、闻、听、摸"的方法。

（1）看：看设备有无摇晃、偏摆、震动过大的情况。

（2）闻：闻设备及其周围有无异常味道。

（3）听：听设备有无发出不正常的声响。

（4）摸：摸设备各部分有无异常的发热或震动等现象。

（二）现场巡查的方法

1. 灵活使用每日作业实绩表

每日作业实绩表是对员工每日工作内容的详细记录，是现场质量控制的重要工具，班组长通过查核每日作业实绩表，可以有效地掌握员工的工作进度，同时能从每日作业实绩表中发现工作中存在的质量问题并加以改善。

某 5S 企业的某班组员工甲的每日作业实绩表如表 4-3 所示。

表 4-3　每日作业实绩表

作业人员：甲　　　　　　　　　　　　　　　　　　　　　日期：

作业时段	作业内容	所花时间	作业价值	备注
8：00 ~ 12：00	A 品号的选别	4 小时	不产生价值	
13：00 ~ 15：00	参加工作会议	2 小时	不产生价值	
15：00 ~ 16：30	B 品号的打孔	1.5 小时	产生价值	90 分钟打了 470 孔，可直接为企业赚到 200 元
16：30 ~ 17：00	A 品号的选别	0.5 小时	不产生价值	
分析说明	甲员工当日有价值的工作只有 1.5 小时，所以对员工工作实绩的改进就从其余 6.5 小时的作业内容着手			

2. 上班前 30 分钟全区巡查

班组长在巡查时必须先确定巡查的内容，也就是在每次去现场前先问一下自己："这次我要去干什么？"

上班前 30 分钟全区巡查的方法如下。

（1）带上副班长（如果有的话）。

（2）发现不合理让自己的助理去处理。

（3）发现与质量有关的问题，严格对待，并指示到个人。

（4）不能立即明了的问题，立即派人去调查。

（5）召开现场会，与相关负责人共同评估刚才所发现的问题，并立即下达新的指示。

（6）对发现的员工关系的不和谐处应给予协调和指导。

3. 下班前 30 分钟全区巡查

班组长在下班前 30 分钟也要进行全区巡查，方法如下。

（1）仔细检查机器运转情况。

（2）统计数据，掌握不合格品的发生情况。

（3）观察员工的状态。

（4）听取有关工作迟延、制品不合格，以及与其他部门的纠纷等当日问题点的汇报。

（5）部门之间的问题亲自联络并及时向员工反馈联络进度。

（6）计划次日的工作：如次日工作内容有更改，须告知所有班组员工；为次日工作准备材料、机器、工模、工具等。

第二节 生产过程控制管理

班组的中心任务是搞好生产，班组的一切活动都是围绕着这个中心任务进行的。所以，班组长必须做好生产过程的控制管理。那么在生产过程中应关注哪些事项呢？

一、人员状态控制

（一）做好上下班管理

一个完整的过程需要有始有终，工作也是如此。通常刚上班的 10 分钟班组容易出现各种状况。例如，人员迟到、旷工、情绪不稳定，材料缺料、质量差，机器异常、出现故障或缺工艺文件等。下班时的情况总体上可能比刚上班时要稍微好一点，但出现的状况中人员方面的因素会更多些，例如，早退、串岗、聊天、怠工、心情浮躁、做事敷衍等。另外，下班时的收尾工作是一个"问题高发区"，例如，台面忘记整理、忘记关灯、忘记关电源等。

班组长该如何做好员工的上下班管理呢？一般来说，主要是要提高员工的个人素质，确保员工能自主管理。

（1）班组长应以身作则，凡事自己先做好，并在日常工作、开会和培训中多言传身教，潜移默化地影响员工。

（2）经常总结在该时段容易发生的问题，建立相应的对策，形成制度并严格执行。

（3）从管理机制上采取预防措施。

（二）运用流动状态看板

1. 人员流动状态看板的适用性

人员流动状态看板主要适合在离散型企业里工作的班组使用，不适合流水线作业的班组。适用性比较高的部门或班组主要有：IQC、物料组、动力班、实验班、技术部、业务部、管理部等。

2. 人员流动状态看板的制作与管理方法

（1）按班组别列出人员清单，纵向排列；识别他们可能流动的场所，横向排列；然后把上述内容制成表，张贴或刻画在看板上。

（2）将看板以粘贴或悬挂方式安装在本班组的显眼位置。

（3）可使用白板、纸条等作为标牌标示人员的流动状态。

（4）流动状态看板通常由部门管理人员指定人员管理，或者由值日人员管理；管理事项主要是清洁、维护和确保内容准确等。

（5）标识内容要明确，且确保标牌不会自行滑动或脱落。

（6）员工的流动状态要一目了然，这样一方面有利于员工自律，另一方面也可以规范现场管理秩序，防止人员擅离岗位。

班组人员流动状态看板如表4-4所示。

表4-4 班组人员流动状态看板

序号	姓名	在岗	出差	请假	去厕所	实施支援	其他
1	小林	●					
2	小彭	●					
3	小张		●				
4	小李	●					
5	小罗	●					
6	小赵			●			

（续表）

序号	姓名	在岗	出差	请假	去厕所	实施支援	其他
7	小顾	●					
8	小邓					●	
9	小朱	●					
10	小陈				●		

（三）工位顶替

1.需要工位顶替的情况

人人都有急事需要处理，工位顶替产生于这些"急"的时候。通常以下情况需要工位顶替。

（1）作业人员需要暂时离开，如如厕、饮水等。

（2）作业人员迟到或临时请假。

（3）作业人员发生意外，如手脚受伤等。

（4）作业人员需要处理上级安排的其他急务。

2.管理方法

有人要离位，就要有人去顶替。班组长在平时的工作中，应注意储备工位顶替人员，工位顶替的程序如下。

（1）需要离位的人员向班组长提出口头申请。

（2）顶替人员一般由班组长或助手担任。

（3）离位人员要卸下操作证，佩戴离位证。

（4）班组长要对顶替人员的工作进行确认。

（四）关注新手

新手是指新入职人员、新近提拔人员或轮（转）岗人员等。班组长要注重对新手的管理，以防止新手因对岗位工作的内容生疏而发生问题。在平时的工作中，班组长对新手要进行重点管理，派专人负责，明确指导人员的职责，并严格把关；定时巡查，首件确认后，每隔两小时确认一次工作结果。

二、关注工程更改

（一）工程更改的内容

工程更改指的是在产品制造过程中有目的的改变机器、材料、方法和环境等方面的状态或指标的行为，实施工程更改的目的是为了改善制造工艺，更好地满足生产的需要。工程更改常见的内容主要有以下八个方面，具体如图4-3所示。

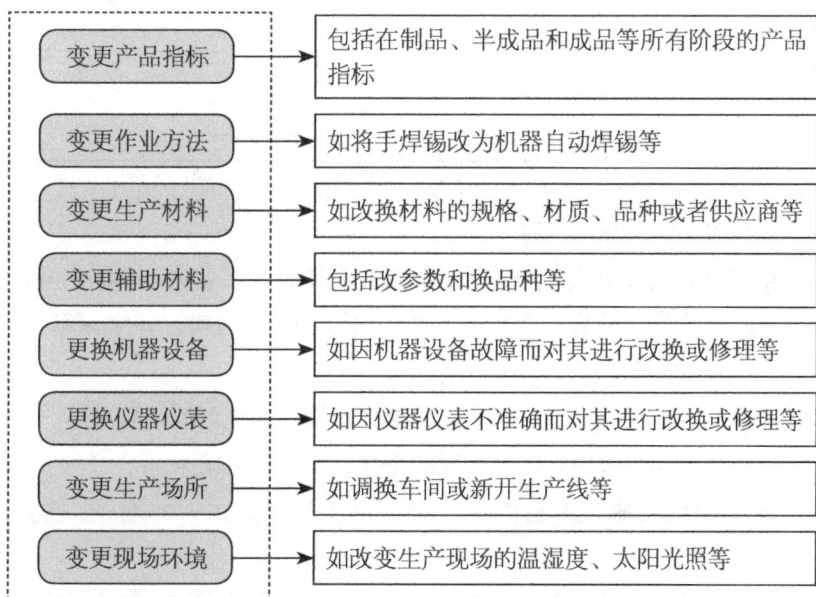

变更产品指标	包括在制品、半成品和成品等所有阶段的产品指标
变更作业方法	如将手焊锡改为机器自动焊锡等
变更生产材料	如改换材料的规格、材质、品种或者供应商等
变更辅助材料	包括改参数和换品种等
更换机器设备	如因机器设备故障而对其进行改换或修理等
更换仪器仪表	如因仪器仪表不准确而对其进行改换或修理等
变更生产场所	如调换车间或新开生产线等
变更现场环境	如改变生产现场的温湿度、太阳光照等

图4-3　工程更改的八大内容

（二）工程更改步骤

1. 工程部发出更改通知书

工程更改是令现场最头痛的问题之一，发生工程更改时工程部会下发"工程更改通知书"（见表4-5）到各相关部门。如果条件许可工程部会及时修改相关的技术文件（如作业指导书），并与工程更改通知书一同发出；但如果情况不允许，他们通常会先发工程更改通知书，稍后再发修订好的关联技术文件。

表 4-5　工程更改通知书

产品型号：　　　　　　　　生产批号：　　　　　　　　文件编号：

更改描述：		
送至 　A.生产副总：　　　　D.质管部： 　B.生产部：　　　　　E.物料部： 　C.维修部：　　　　　F.采购部：		拟制：　　　　日期： 审核：　　　　日期： 批准：　　　　日期：

2. 现场接收并紧盯更改内容

当现场接收到工程更改通知书时，班组长应紧盯相关变更事项的内容，密切观察变更实施后的结果，做到对变更内容心中有数和有效控制，并掌握第一手数据。对此可采取以下几种措施。

（1）记录更改的实施日期、时间，必要时记录需要变更的产品号码。

（2）重点关注与更改内容密切关联的工序，掌握变更结果。

（3）详细确认实施变更后的第一批产品（一般是 3 ~ 20 件），检查是否有问题。

（4）将变更结果以"变更结果确认书"的形式报告给上级领导（见表 4-6）。

表 4-6　变更结果确认书

实施日期：　　　　　　　　实施时间：　　　　　　　　确认书编号：

产品代号：		生产班组：			责任人：
序号	项目规格	数量	确认结果		备注
批量判定		合格 / 不合格	判定人（班长以上）：		

三、掌握生产速度

（一）速度的测试

生产速度是一组直观的数据，对于企业来说，生产速度主要在流水线和机器加工作业中体现。一般掌握和控制生产速度的直接责任人是管控现场的班组长，其他人员无权调节。流水线的转动速度，可以用秒表加米尺的方法测量、换算获得，具体步骤如图 4-4 所示。

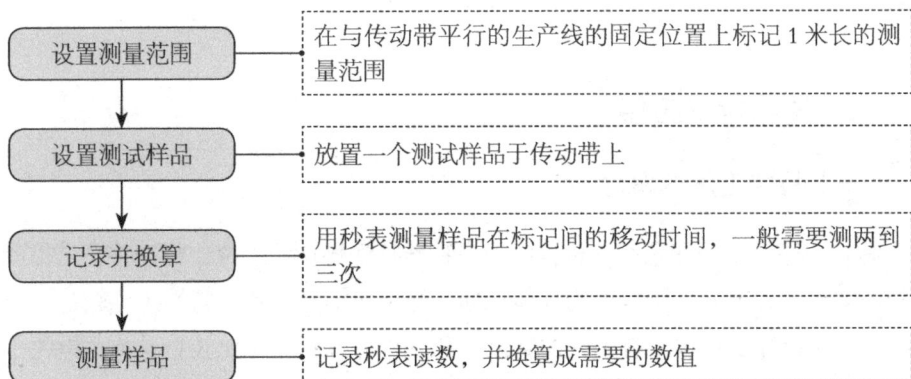

设置测量范围 →	在与传动带平行的生产线的固定位置上标记 1 米长的测量范围
设置测试样品 →	放置一个测试样品于传动带上
记录并换算 →	用秒表测量样品在标记间的移动时间，一般需要测两到三次
测量样品 →	记录秒表读数，并换算成需要的数值

图 4-4　速度测试的步骤

（二）速度的控制

通过测量得知的是基础生产速度，在实际工作中班组长需要进行调节和控制，以便完成产量，满足计划的要求。班组长可通过以下途径来控制速度，具体如图 4-5 所示。

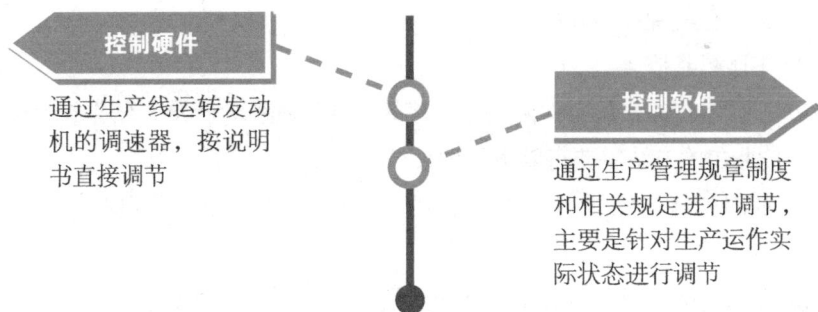

控制硬件
通过生产线运转发动机的调速器，按说明书直接调节

控制软件
通过生产管理规章制度和相关规定进行调节，主要是针对生产运作实际状态进行调节

图 4-5　控制生产速度的两大途径

（三）适时调节生产节拍

调节生产节拍主要表现在离散型企业的制造过程中。一般掌握和控制生产节拍的直接责任人是生产现场的高级主管，班组长属于推动人员或执行人员。就整个生产过程而言，生产节拍可以用下面的方法来操控。

（1）生产节拍要因生产形势而变，生产任务急或士气高时宜变快；反之，应适当减慢。

（2）在准备加快生产节拍时，应先造一点声势，以便达到加油和鼓舞员工的目的。

四、关照特殊工序

（一）特殊工序的概念

特殊工序是指那些在制造过程中担当特殊特性操作的工位。特殊特性是指产品在制程中比较关键或某些特别的具体指标，通常包括产品特殊特性（比较特殊或关键的与产品指标及其零件有关联的特性）和过程特殊特性（比较特殊或关键的工程技术参数）。以下工序属于特殊工序。

（1）不能通过后续的检验和试验来验证其结果是否符合要求的工序。

（2）该工序发生的缺陷仅在后续的生产过程乃至使用过程中才显露出来。

（3）不易测量、检验或不能经济地测量的工序，如需要实施破坏性测试或昂贵的测试才能获得证实的工序。

（二）特殊工序管理办法

特殊工序有两种管理办法。

1. 实施连续监控

实施连续监控的目的是保障特殊工序的操作过程符合标准，结果符合要求，通常实施连续监控的方法主要有以下几种。

（1）利用仪器全程显示各种指标，如温度、速度、电压和电流等，监控这些指标。

（2）自动化探测或直接显示产品的规格。

（3）设置检验工位，100% 检验从特殊工序出来的产品。

（4）对特殊工序中的特别特性项目实施统计制程管理（SPC）。

（5）遇到特殊工序及其相关项目出现问题时应优先处理。

2. 授权专员完成特殊工序

授权的专员往往具有某些技能专长，能够独立开展工作并确保结果符合要求。一般来说，一个新手经过实习期、独立期的学习与实践，到自主期的时候，操作技能应该娴熟了，即可授予相应的资格。

资格管理是指对授予资格的过程进行管理和控制，以确保被授权人员的有效性。实践中的操作是按规定对现场熟手员工的业务技术技能进行认定，通过考核评定级别，然后授予相关资格，并发放资格证。

五、盯紧产品切换

在多品种少量生产型企业中，生产线每天可能要进行几次（多的甚至是十几次）的产品切换，即当某一个产品产量完成时需要转换至另一个产品的生产，这就是生产中常说的"换拉"，也叫"产品切换"或"换模"。

（一）产品切换主要内容

在进行产品切换时，不仅仅是切换产品间零件不同的部分，还包括不同产品的生产条件和规格的切换，如装配方法、检验规格以及生产用的各种夹具、计量仪器等工具的切换。

（二）产品切换方法

1. 休克转换法

休克转换法就是先将当前产品使用的全部物料、半成品及与下一产品不适合的用具（工模夹具）清除，再投入下一产品的有关材料及用具开始生产。所谓休克就是使生产线保持片刻的空载，停顿一定的生产时间，确保两种产品之间具有适当的间歇和隔离，以免物料发生混淆。

该方法适用于生产产品比较复杂、生产管理水平一般的企业。其优点是物品分明、账目清楚，不会发生混乱，但缺点是耗时长、浪费大。

2. 循环转换法

循环转换法是在不清理生产线的情况下直接投入所要转换产品的各种物料及用

具的转换方法，其特点如下。

（1）不中断生产。

（2）被转换产品跟着前生产品下机。

（3）被转换的物料采用不同颜色的器皿放置。

（4）在产品转换完成后撤走前产品所用的各种物料及用具。

该方法适合于生产管理水平较高的企业，因为是在不清理生产线的情况下两种产品混流，所以要求物料等具有很高的识别性。

3. 混合生产转换法

混合生产转换法是以产品混合上生产线的方式进行转换（见图4-6），两种产品同时下拉，以循环的方式下机和生产。

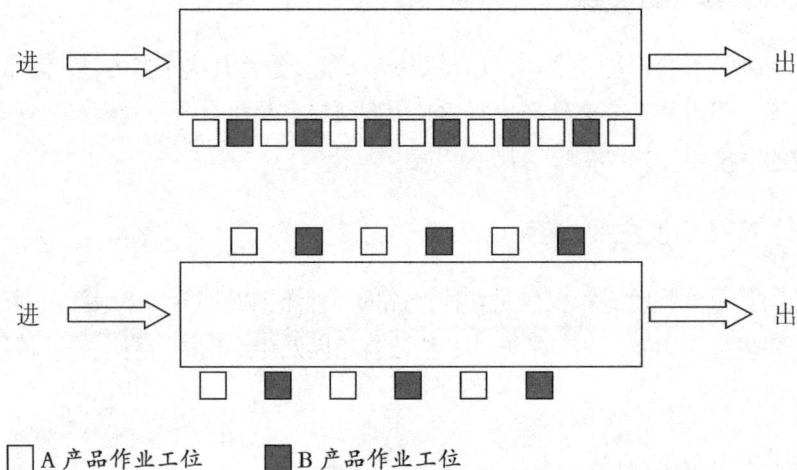

图4-6　混合生产线示意图

混合生产转换法适合于多品种小批量生产，是一种比较先进和高效率的生产方式。

（三）产品切换基础工作

（1）班组长提前确认当天的生产计划，如果计划中当天必须生产两个以上的产品时，就需要进行产品切换。

（2）根据企业的"产品间差异一览表"（见表4-7），明确各个岗位（工段）产品的相异情况，在切换产品时加以对照。

94

表 4-7 产品间差异一览表

产品名	零件差异		用具差异		生产检验条件差异	
	通用	差异	通用	差异	通用	差异
A						
B						
C						
D						

（四）产品切换确认及顺序

1. 切换前的准备

（1）将生产计划揭示在生产现场的看板上，提醒各工段的班组长产品切换的型号、次数。

（2）根据生产计划准备好当日产品的"产品检查表"，决定组装序号，并将"产品切换卡"（见图 4-7）填好随检查表放置一起。提醒第一道工序的作业人员产品切换的时间点。班组长确认切换准备工作完成后，在"产品切换卡"上签名，并移交给第一道工序的作业人员，第一位作业人员确认清楚自己需要切换的内容后实施产品切换，以此类推至最后一道工序。"产品切换卡"一式两份，第一份贴在前产品的最后一件产品上；第二份贴于切换后的第一件产品上。

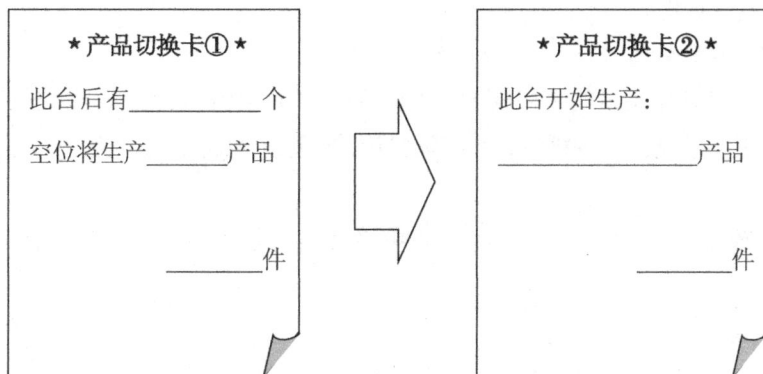

图 4-7 产品切换卡

2. 物料配送确认

（1）在物料仓库配送区揭示板查看当日的生产计划及生产顺序。

（2）物料配送人员按生产顺序更换及确认物料编号是否正确、实物是否与外箱一致，并将上一产品剩余的物料放到待返物料放置区。

（3）将产品切换卡贴在制品板上，按顺序传给后道工序确认。

3. 组装线确认

（1）上一批产品生产完后投放空位时，根据产品间差异一览表确认本工位的物料（产品差异的物料种类、数量、检验条件等），当发现差异物料没有更换或更换不正确时应立即联络物料配送人员或相关区的班组长。

（2）本工序人员确认无误后在产品切换卡上签名，将产品切换卡贴在产品上，传给后道工序确认。

4. 产品检验工段确认

（1）在投放空位的时候，确认下一产品使用的电压是否正确切换。

（2）确认检查用具的切换。

（3）确认包装品差异的切换（商品标志、安全标志、说明书等）。

（4）本工序确认无误后在产品切换卡上签名，将产品切换卡贴在产品上，传给后道工序确认。

5. 确认下线产品物料

（1）产品切换后，下线产品的未用物料由班组长按下线产品件数预留，并放在规定的位置。

（2）下线产品修理需更换零部件时，须联络物料配送人员或班组长，在办理领用登记后方可拿走。

6. 剩余物料处置

（1）上批使用剩余的物料撤下后放在规定的待返物料放置区，摆放整齐。注意必须一个箱子里只放一种物料，并在物料箱外侧贴上物料编号、使用产品名称和剩余数量。

（2）超过 7 个工作日不参与生产的剩余物料必须返回仓库，以便于统一管理，防止误用。

7. 产品切换确认卡的使用

（1）产品切换时各区域各工位必须按规定确认并在产品切换卡上签名。

（2）各工段班组长确认后在确认人员后的空格内划"√"，并对产品切换后的前三件产品进行确认。

（3）产品切换卡随产品流到包装这一最后工位，由外包装线班组长将此卡收好（按工段发行时，则由各工段的班组长将此表收好），并确认各区域各工位的确认人员有无签名，确认无误后由班组长签名，并交上级审核后存档。

六、及时发现生产异常并妥善处理

（一）异常及异常的发现

异常就是生产过程中发生的各种问题和不正常现象。异常起初有可能很小，如果及时控制的话一般都能化解；但如果异常未被及时发现或控制不力，则可能扩大，严重时甚至酿成事故。班组长实施过程管理的主要目的就是消除异常，确保生产过程稳定，并进一步在稳定的基础上寻求改善机会。发现异常主要靠经验，所以，班组长在日常工作中应注意观察和总结（见图4-8）。

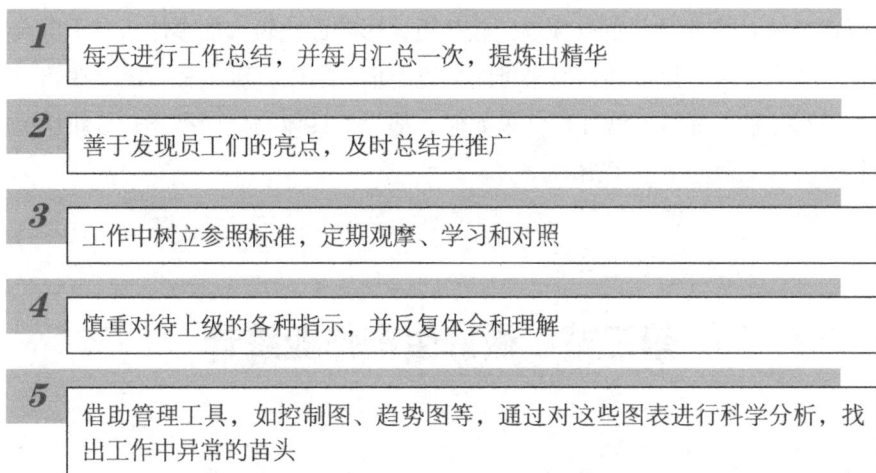

1	每天进行工作总结，并每月汇总一次，提炼出精华
2	善于发现员工们的亮点，及时总结并推广
3	工作中树立参照标准，定期观摩、学习和对照
4	慎重对待上级的各种指示，并反复体会和理解
5	借助管理工具，如控制图、趋势图等，通过对这些图表进行科学分析，找出工作中异常的苗头

图4-8　班组长日常发现异常的途径

（二）发生异常时的处理原则

1.临时问题临时解决

临时问题指的是在一段时间内存在，而另一段时间内有可能会自动消失的问题。当出现临时问题时，班组长一定要把握好更改的时效。

2.突发事件果断处理

突发事件指的是突然发生的影响正常生产秩序的事件。由于生产现场人多事杂，突然发生一些意想不到的事情在所难免，这就需要班组长沉着冷静，果断做出决定，稳住局面，并把负面影响降到最低。

当突发事件发生时，班组长应该按图4-9所示的要求处理问题。

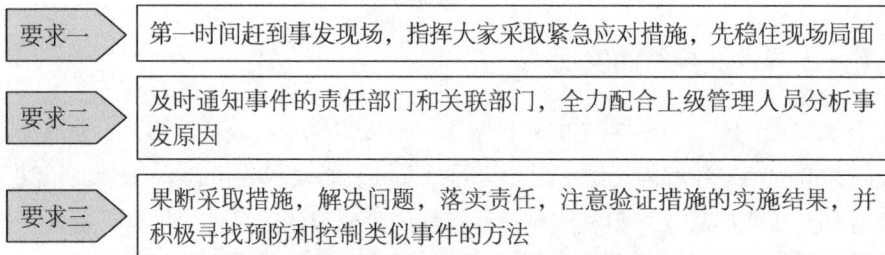

要求一	第一时间赶到事发现场，指挥大家采取紧急应对措施，先稳住现场局面
要求二	及时通知事件的责任部门和关联部门，全力配合上级管理人员分析事发原因
要求三	果断采取措施，解决问题，落实责任，注意验证措施的实施结果，并积极寻找预防和控制类似事件的方法

图4-9　班组长处理突发事件的要求

3.重大问题第一时间解决

所谓重大问题指的是问题属性比较严重，影响面比较大的事件。对于重大危害性事件，如果不及时处理的话后果可能会更严重。所以，班组长一定要在第一时间对问题进行处理。而且不管处理结果如何，都要把具体的处理措施和最新状况向上级报告，听候上级的下一步指示。

第三节　做好生产作业统计

班组生产作业统计是企业生产统计的一部分，指班组在实现生产作业计划的过程中，对生产过程各阶段的原材料投入、在制品流转、产品生产以及作业完工情况等生产活动动态数据的收集、整理、汇总和分析。

一、班组生产作业统计的内容

班组生产作业统计的内容如表4-8所示。

表 4-8　班组生产作业统计的内容

序号	统计的内容	具体说明
1	在制品情况的统计	指对在制品在班组各个生产环节的流转以及在制品资金占用量的统计
2	生产进度的统计	指对产品和零部件生产过程在各工序的投入日期、投入数量、出产日期、出产数量、废品数、返修品数的统计
3	生产作业计划完成情况的统计	指对产品和零部件的完工统计，是对各个岗位的员工计划任务和工作量完成情况的统计
4	生产指标的统计	主要指对生产总量、品种产量、产品成套率、产品均衡率、劳动生产率等生产指标的统计

二、班组各类生产报表的统计

班组生产报表是班组在生产过程中对各个生产环节的生产活动所做的记录，经过汇总、整理和分析可以取得生产所需的数据和资料。在做生产报表统计工作时要按规定时间及时记录和上报，并且数据和资料要准确无误。

班组应按企业要求每日填写工作日记，作为工作成效事后检查的依据。一般来说，班组的作业日记有以下几种。

1. 工段（工序）作业日记

工段（工序）作业日记每日由工段（工序）负责人负责记录，如表 4-9 所示。

表 4-9　工段（工序）作业日记

工段（工序）名：　　　　　　　　　日期：　　　　　　　　　星期：

工作指令	工作代号	作业人员	时间 时　分至　时　分		工时	制造数量	说明
重要事项记录							
复核：　　　　　　　　　　　　　　　记录人员：							

2. 作业过程记录

作业过程记录由班组长负责，在每项作业结束时记录，对于重复性作业如果没有特殊事项，可以简略记录，注明"同 ×× 日记录即可"，如表 4-10 所示。

表 4-10　作业过程记录

作业名称			作业人员	
作业过程记录、分析及总结				
复核：			记录人员：	

3. 用料记录

用料记录由班组统计人员、车间统计人员、分厂统计人员分别统计自己所在层级的用料情况并记录，而且每日都要统计。各层级的统计数要能对得上，并与库存数关联。用料记录如表 4-11 所示。

表 4-11　用料记录

材料名称或类别 / 耗用单位或工序					工作成果记录	
					半成品	成品
合计						
昨日结存						
今日领料						
今日结存						
复核：				统计人员：		

4. 工时记录

班组统计人员每日须统计班组直接发生的工时，并上报车间统计人员、分厂统计人员。工时统计表如表 4-12 所示。

表4-12　工时统计表

年　月　日

工时 作业人员或单位	标准工时	实际工时	累计实际工时	效率分析
复核：　　　　　　　　　　　　　　　　统计人员：				

注：班组统计时，在"作业人员或单位"栏填写作业人员姓名；车间统计时，在此栏填写工
　　序别或工段别；分厂统计时，在此栏填写车间别。

5.机器作业记录

班组统计员要做好班组机器作业记录，并报上级统计人员；车间统计人员、分厂统计人员分别在下级报表基础上汇总，并分别报生产计划部和机电部；班组每日进行记录，车间每周汇总一次，分厂每两周汇总一次。机器作业记录表如表4-13所示。

表4-13　机器作业记录表

机器名称		运行状况及作业人员						
	8：00～9：00							
	9：00～10：00							
	10：00～11：00							
	11：00～12：00							
	…							
效率统计	作业时间	停机 时间	故障 时间	待料 时间	停电 时间	其他	产量	效率
其他事项说明								
复核：								

如果出现停机故障，还应由班组长填写故障报告，与机器作业记录一并上报。

6.停工统计

班组停工统计由班组统计人员负责；一般车间每周汇总班组数据；分厂每两周

汇总车间数据，并上报至生产计划部。停工统计表如表4-14所示。

表4-14　停工统计表

年　月　日

时间＼停工原因	待料	设备故障	设备保养	停电	作业培训	现场整顿	其他
星期一							
星期二							
星期三							
星期四							
星期五							
星期六							
星期日							
合计							
复核：				统计人员：			

7. 产量统计及交接表

这里所说的统计主要是指各班次的统计，车间、分厂的统计可以用"生产日报表"和"生产月报表"代替。班次统计与日报表、月报表必须衔接，如果出现不衔接的情况，必须详细调查。

班次产量统计及交接表由班组统计员填写，如表4-15所示。

表4-15　班次产量统计及交接表

年　月　日

工段或工序		产品名称		产品编号					
班别	前班移交		本班产量		本班移交		交接签章		
	成品	半成品	成品	半成品	成品	半成品	交	接	质量说明
早班									
中班									
晚班									
说明事项									
复核：					统计人员：				

第五章

管好班组生产质量

　　班组是企业产品的直接生产单位，是产品质量的直接监控者，其工作开展得好坏，直接影响到产品质量的优劣，而产品质量的优劣，又决定着企业的竞争力和经济效益，决定着企业的生存和发展。因此，抓好班组的生产质量也是班组长的一项重要工作。

第一节　基本质量管理术语

质量管理方面的术语有很多，对于班组长而言，在生产一线用到最多的可能就是合格率、直通率、限度样板、QC、IQC、IPQC 和 FQC 等了。

一、合格率

合格率是指合格产品的数量占所生产产品数量的百分比，用公式表示如下：

$$合格率 = \frac{合格产品的数量}{总共生产的产品数量} \times 100\%$$

有的班组长很容易满足于高合格率，但就算是合格率很高，达到了 100%，也并不意味着质量、成本和交货得到了有效控制。

对于由多道工序连续加工的产品（或者是流水线），传统的做法是用合格率和批量合格率来评价其质量的好与坏。而合格率通常以最后一道检查工序的合格品数来计算，即使其他工序有不合格品，只要修理好，并在最后一道检查工序合格通过，合格率就不会受影响。这也是合格率这种计算方法的局限性，因为它不能全面地反映所有工序的质量状况，所以就算合格率达到 100%，也不意味着生产过程中没有不合格情况发生。

二、直通率

直通率也就是常说的一次性成品率，从物料加工到组装成品一次性成功的合格品的比率（合格品中不包括返修），直通率是真正考核班组长质量绩效的一个指标。

（一）计算直通率的作用

产品从投入到产出的过程中，需要通过各种特性值、功能性、外观规格的检验，只有在各个检验点都没有发生任何不合格情况的产品才能够称为直通产品。该指标可用来评价每天生产的产品当中有多少需要经过再调整或修理。通过检测直通率，可以得知以下几方面的内容。

（1）这种产品需要投入多少修理人员。

（2）哪个部分（岗位）不合格产品比较多，可以适当增加人力，避免因再调整或修理不及时而导致产出率下降。

（3）在下次生产计划（每日生产计划台数）变更时，提供工程设定的参考数值。

直通率低代表需要修理的产品很多。如果修理岗位数不足（或者修理人员设定不合理），会导致产品修理不完而流入后道工序，有些不合格发生时产品不能进入后道工序，这时就需要将其撤离生产线，这会导致成品产出数不足。而如果要保证成品产出数，那就需要投入更多的人力。

直通率的目标值须根据不同的生产时期分别设定，稳定期产品的直通率要求达到 85% 以上。也就是说，每生产 100 件产品最多只能允许 15 件可以发生不合格。直通率的计划公式如下：

$$直通率 = \frac{总完成数 - 未一次性通过数}{总完成数} \times 100\%$$

（二）直通率的计算

1. 简单的直通率计算

直通率是证明生产一次性产出能力的比率，不包括被修理纠正的产品，也不包括被返工的产品。当生产线是单个操作时，直通率的计算如图 5-1 所示。

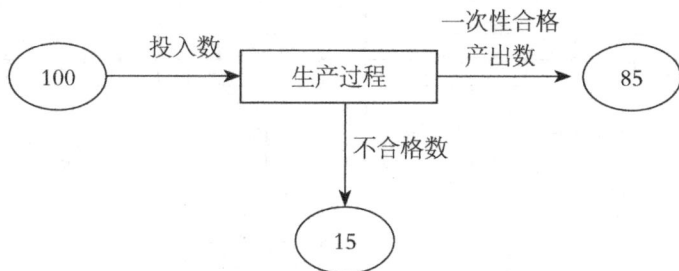

图 5-1　简单过程直通率的计算

2. 多过程直通率计算

当产品的生产过程是由多个串联操作组成时，其直通率的计算如图 5-2 所示。

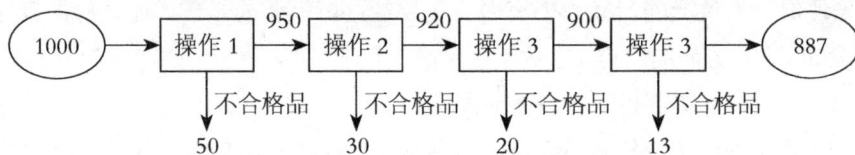

图 5-2　多过程串联生产直通率的计算

多过程串联生产直通率计算表，如表 5-1 所示。

表 5-1　多过程串联生产直通率计算表

序号	操作顺序	投入数量	产出一次性合格数量	直通率
1	操作1	1000	950	95%
2	操作2	950	920	96.8%
3	操作3	920	900	97.8%
4	操作4	900	887	98.6%
5	汇总	1000	887	88.7%

当产品的生产过程是由多个串联和并联的操作共同组成时，其直通率的计算如图 5-3 所示。

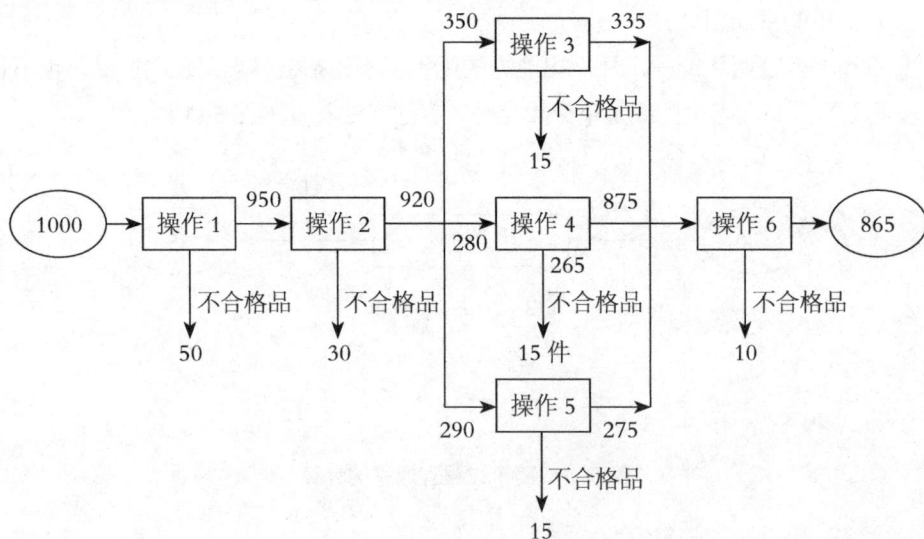

图 5-3　多过程串联和并联生产直通率的计算

多过程串联和并联生产直通率计算表，如表5-2所示。

表5-2 多过程串联和并联生产直通率计算表

序号	操作顺序	投入数量	产出数量	直通率
1	操作1	1000	950	95%
2	操作2	950	920	96.8%
3	操作3	350	335	95.7%
4	操作4	280	265	94.6%
5	操作5	290	275	94.8%
6	操作6	875	865	98.9%
7	汇总	1000	865	86.5%

（三）提升直通率的方法

1.认真检查

（1）要仔细辨认不合格品，避免错误判断。加工工序内发生不合格品，应交给班组长进行确认；如QC检验出不合格品，应该交由上级管理人员（车间主任、主管）进行确认。避免不合格品进入后道工序。

（2）必须第一时间解决不合格。造成不合格的原因很多，但如果信息及时反馈，技术人员和管理人员能够紧密配合，那么大部分不合格都可以在第一时间找到对策。

（3）修理后首先要自检，避免出现二次不合格。为了避免在修理过程中导致新的不合格情况发生，在平时就应该对修理人员进行全方位的培训。修理人员不但要会修，还要养成自检的习惯，修理后的产品自检合格后才能重新投入到生产中。

（4）一次性检查完全部项目。要尽量一次检查完全部可以检查的项目，并将所有不合格的项目一一列出，以方便修理人员一次修理完毕，避免二次不合格的出现。如QC、QA检查时，中途遇到不合格会就此停住，但也可以继续检查下去（实在无法进行的例外），直到该检查工序所有的项目都结束为止，最后把所有不合格的项目一一列出来，再交给修理人员。

2.预防错误

（1）直通率越高，额外修理的工时就越少，在线库存越少，自责损金就越低；如果合格率呈现低迷状态的时候，这三个方面就都会受影响。

（2）直通率随着工序的递增而递减，越是往后，直通率越低。

（3）从单个工序来看，直通率就是合格率。

（4）修理后发生的二次不合格，只能等于或小于前工序一次不合格之和。

（5）及时处理不合格，是提高直通率的最好方法，若处理不及时可能会造成很严重的后果。

（6）由多重并列复杂的部件构成总装线的时候，部件本身的一次性成品率与总装线的直通率要分别单独进行计算，不适宜运用加权合并计算。

3. 寻求帮助

请技术人员在生产现场驻点，以便生产中出现问题时，能第一时间和生产人员携手解决。QC、QA 人员在生产过程中应随时进行检查。

4. 总结改进

在管理中总结经验，减少不合格率；增强各个工序之间的协作。

5. 要求结果

直通率达到 100%。

三、限度样本

（一）限度样本的概念

对于不能或难以借用仪器设备来定量检测判断的某些产品规格的质量特性值，可以使用适当的实物样本来作为判断比较的基准参照物。这个用来做基准的实物样本，就叫作样本。

由于产品规格特性一般有一个合格范围，只有超出范围的才是不合格，那么，如果选定了一个正好处于合格范围临界值的样本作为参照物，就可以称其为限度样本了。

（二）限度样本的使用

实际使用时，通过对被检测产品和限度样本的质量特性进行比较，就可以确定结果：如果被检品的质量特性比那个限度样本的质量特性要差一些，那么被检品是不合格的；如果被检品的质量特性比那个限度样本的质量特性要好一些，那么被检品是合格的。

（三）限度样本的管理

每个限度样本都必须附带"限度样本卡"（见表5-3），该卡必须作为技术资料进行管理。可以用细铁丝将它和样本系在一起，这样拿取比较方便，样本卡也不易丢失。

表 5-3　限度样本卡

编号		名称		样本等级	
设定者			有效期		
适用范围			保管场所		
文字说明：					
质管部批准		技术部批准		审核者	制作者

四、QC、IQC、IPQC 与 FQC

QC 是质量控制的英文 Quality Control 的首字母缩写。有些推行 ISO9000 质量管理体系的企业会设置一个部门或岗位，负责 ISO9000 质量管理体系标准所要求的有关质量控制的职能，担任这类工作的人员就叫作 QC 人员，相当于一般企业中的产品检验员，具体包括进货检验员（Income Quality Control，IQC）、制程检验员（In-Process Quality Control，IPQC）和最终检验员（Final Quality Control，FQC）。

第二节　制程质量控制

一、确认首件

（一）首件的概念

现场管理中通过对第一件（或第一批）产品进行检验确认，可以避免发生批量性生产错误。通常情况下，每班或每种产品投入生产后产出的第一件（或前几件）产品被认为是首件，如果该产品检验合格，则说明目前的制程有能力制造合格品；反之，则说明制程还需要改进。具体的首件产品数量选择多少，要根据生产的特性来确定，一般选择 1～5 件。

（二）首件的产生

各班组要把每天或每个机种开始生产的前 5 件产品送质管部检查，从中挑出一个合格品作为首件产品进行管理；如果首件检查中发现没有合格品或产品严重不合格，则说明目前的制程不合格，不能批量投入生产。

（三）首件的确认与管制

首件产品由质量部人员判定合格后，由现场班组长接收并确认，确认后首件产品连同其检查表一起放置于设在现场的首件专用放置台上，直到该首件管辖的时段（最多一天）完成为止。首件产品要按程序文件规定的方式去管理，主要管理事项包括签收、贴标签、建台账、更改、承认、发出等。

（四）首件产品的用途

因为首件产品是经质管部检验合格的，所以，班组可以用它来和制程中的其他有疑问的产品进行对比，以便统一认识。

二、落实"三检"制

"三检"制指的是作业人员自检、员工之间互检和专职检验人员专检相结合的一种质量检验制度。这种"三检"制有利于调动员工参与企业质量检验工作的积极性，增强他们的责任感，是任何单纯依靠专业质量检验的检验制度所无法比拟的。班组长要十分熟悉和掌握质量管理"三检"制的具体内容。

（一）自检

自检就是作业人员对自己加工的产品，根据工序质量控制的技术标准自行检验。自检最显著的特点是检验工作基本上和生产加工过程同步进行。

自检是指运用目检的方式，察看本工序的内容是否合格。若合格则向下继续，不合格则立即返工。

作业人员在实施自检时，一定要确保作业的内容全部到位，如果需要标记则在确认无误后打上规定的记号。自检的原理如图5-4所示。

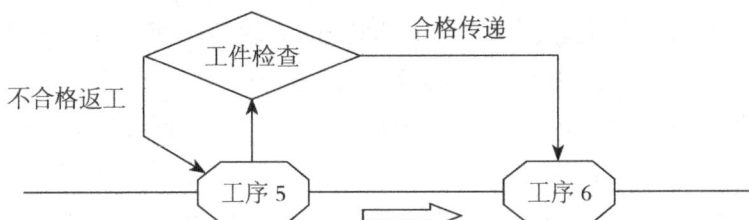

图5-4 自检的原理

自检可进一步发展为"三自检"制，即由作业人员"自检、自分、自记"，具体如图5-5所示。

项目	责任者	职能	管理内容	确认者	评议
工序5	作业人员	自检	首件自检（换刀、设备修理） 中间自检（按频次规定执行） 定量自检（班组实测）	检查员 班组长 检查员	检查员 班组长 质检员
		自分	不合格品自分、自隔离、待处理	班组长	车间主任
		自记	填写三检卡 检查各票证、签字	质检员 检查员	质管部

图5-5 "三自检"制

（二）互检

互检是后道工序的作业者在开始作业前，运用目检的方式，确认前道工序的作业内容是否合格的检验方式。合格则开始作业，不合格则反馈或放在一边。后道工序确认后有时要在操作合格的作业上做"合格"标记。互检的原理如图5-6所示。

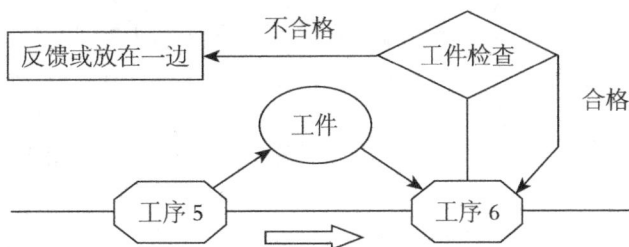

图5-6 互检的原理

（三）专检

专检是指由制程专门设立的检验工位进行的检验，如 QC、FQC、IPQC 等（见图 5-7、图 5-8）。这些工位在不同的企业有不同的管理归属，当划归质量系统专门管理时，班组长就不再负责直接管理；当划归生产现场管理时，班组长则需要识别检验标准（如产品规范、指导书、样板等），制定检验方法（如全数检验、定量检验、巡回检验等），让 QC 人员实施检验，然后记录检验结果，并及时向上级反馈。

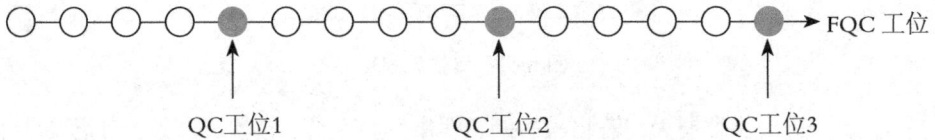

图 5-7　QC 与 FQC 在生产线中的位置图示

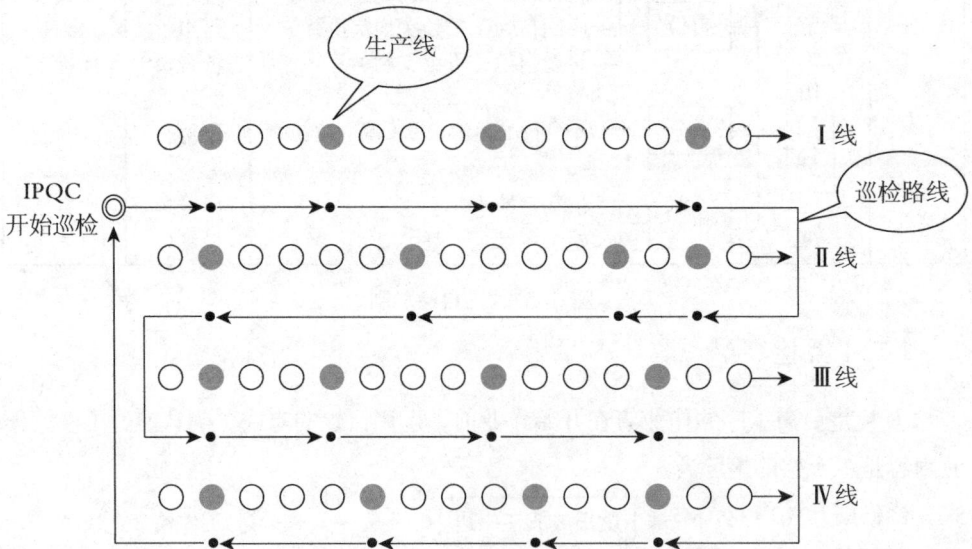

图 5-8　IPQC 巡检示意图

三、控制好 4M1E

（一）4M1E

在生产加工中，在同一工序，由同一作业人员，使用同一种材料，操作同一设备，按照同一标准与工艺方法，加工出来的同一种零件，其质量特性值不一定完全一样。这就是产品质量的波动现象，引起这种质量波动现象的主要因素是人（Man）、机器（Machine）、物料（Material）、方法（Method）和环境（Environment），简称为4M1E。

（1）人（Man）。任何机械加工都离不开人的操作，即使最先进的自动化设备，仍需人去操作和控制。

（2）机（Machine）。机器设备是保证工序生产出符合质量要求的产品的主要条件之一。

（3）料（Material）。在生产加工中，由于工件材料的余量不均匀或硬度不均匀等，都可引起切削力的变化，让工件产生弹性变形，从而影响工件的加工精度。对此应采取的控制措施有：加强材料的检验，提高毛坯的精度，合理安排加工工序。

（4）法（Method）。工艺方法是实现加工制造的关键。正确的加工方法可以指导生产出合格的零件。但不严格贯彻执行正确的工艺方法，违反工艺规程则容易造成产品质量波动。工艺方法的控制和防误可采取以下措施，如图5-9所示。

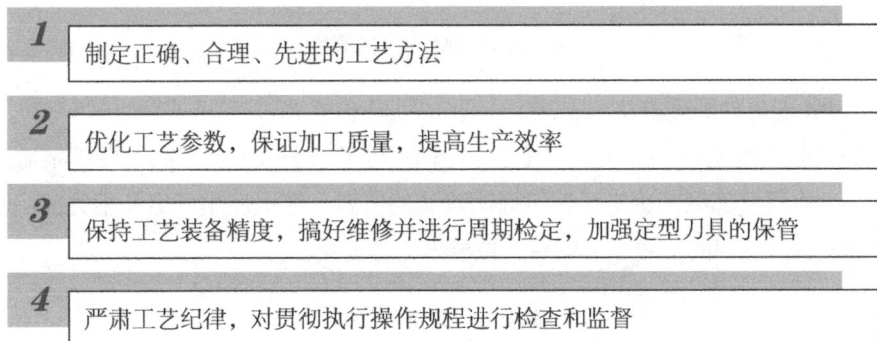

1	制定正确、合理、先进的工艺方法
2	优化工艺参数，保证加工质量，提高生产效率
3	保持工艺装备精度，搞好维修并进行周期检定，加强定型刀具的保管
4	严肃工艺纪律，对贯彻执行操作规程进行检查和监督

图5-9 工艺方法的控制和防误措施

（5）环（Environment）。环境是指生产现场的温度、湿度、震动、噪声、照明、室内净化和现场污染程度等。由于生产产品的工序不同，所需环境条件也不相同，所以，应根据工序要求选择相适应的环境条件。

（二）4M 变更

4M 变更是指在生产过程中给质量带来一定影响的异常变更。4M 是生产过程中最基本的要素，如果这四个要素是稳定的，那么最终生产出来的产品质量也是稳定的，但这只是一个理想的状态。实际工作中，人员、机器、物料、方法经常在变化，最终结果也会随之变化，对 4M 变更的管理就是通过控制这些变化，使结果在允许的范围内变动。

1. 变更的原因

4M 变更的具体原因如图 5-10 所示。

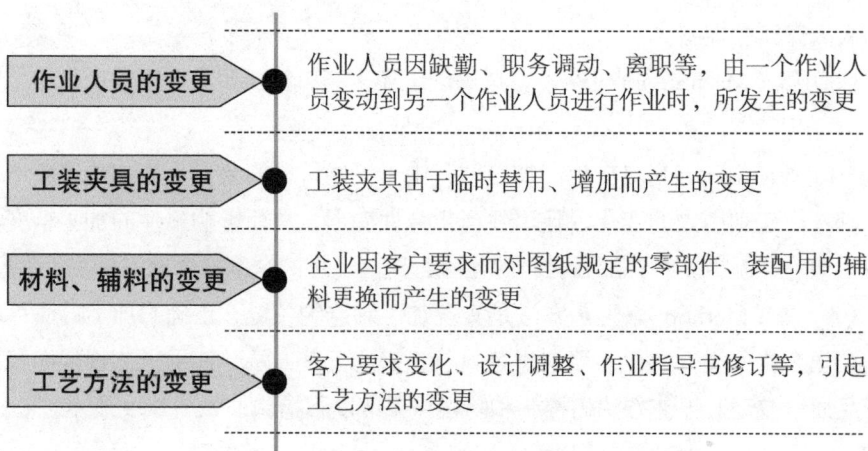

作业人员的变更	作业人员因缺勤、职务调动、离职等，由一个作业人员变动到另一个作业人员进行作业时，所发生的变更
工装夹具的变更	工装夹具由于临时替用、增加而产生的变更
材料、辅料的变更	企业因客户要求而对图纸规定的零部件、装配用的辅料更换而产生的变更
工艺方法的变更	客户要求变化、设计调整、作业指导书修订等，引起工艺方法的变更

图 5-10　4M 变更的原因

2. 4M 变更的处理方法

班组长将变更的内容填入"变更申请书"（见表 5-4）交车间主任签字后送到质管部，由质管部经理确定质管方面需确认的内容。变更发生班组及相关部门收到质管部确认后返回的变更申请书后，按要求实施变更。

表 5-4　变更申请书

编号：　　　　　　　制作：　　　　　　　确认：

发生班组填写	变更类别：	发生区域：	数量：
	组件名：	组件编码：	变更时间：

（续表）

发生班组填写	变更理由：			
	变更事项：			
	序号	工位	变更内容（含规格值）	备注

制成：			确认：		

质管部填写	序号	实施区	项目内容（含规格值）	测量（手法）	确认数量

质管部及相关部门填写	变更后检验结果：	会签部门		
		部门：评语：	部门：评语：	部门：评语：
	变更可否实施：□可 □否　　年 月 日批准：	部门：评语：	部门：评语：	部门：评语：
	首次批量确认结果： □合格 □不合格　　年 月 日	批准		
	确认人员：			

（1）作业人员变更的处理

作业人员变更应按作业指导书要求安排员工培训，班组长每两个小时进行产品质量确认，直至培训合格为止。

（2）工装夹具变更的处理

在实施过程中，要确认用工装夹具控制的首件产品质量是否合格，如果不合格，则要求相关部门停止生产并重新检查该工装夹具的有效性。工装夹具变更后，装配出来的首件产品经技术人员确认合格后，应由质检员对小批量生产进行复检，确认质量合格后方可进行大批量生产。

（3）物料变更的处理

物料变更是指由于设计、生产、质量等因素需对产品进行规格、型号、物料、颜色、功能等的变更。发生物料变更时，处理程序一般如图 5-11 所示。

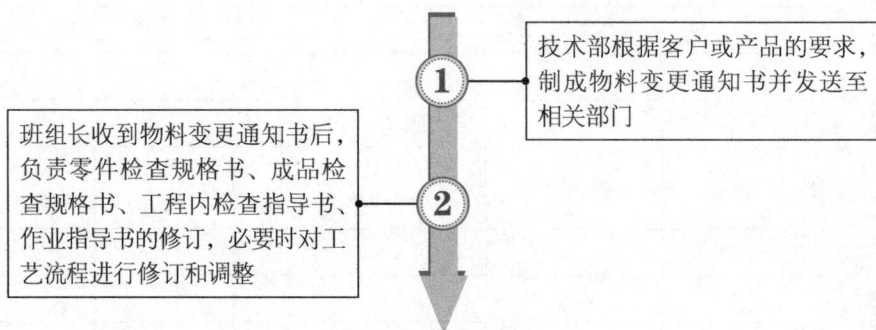

① 技术部根据客户或产品的要求，制成物料变更通知书并发送至相关部门

② 班组长收到物料变更通知书后，负责零件检查规格书、成品检查规格书、工程内检查指导书、作业指导书的修订，必要时对工艺流程进行修订和调整

图 5-11　物料变更处理程序

（4）设计变更的处理

设计变更的实施按以下步骤进行，具体如图 5-12 所示。

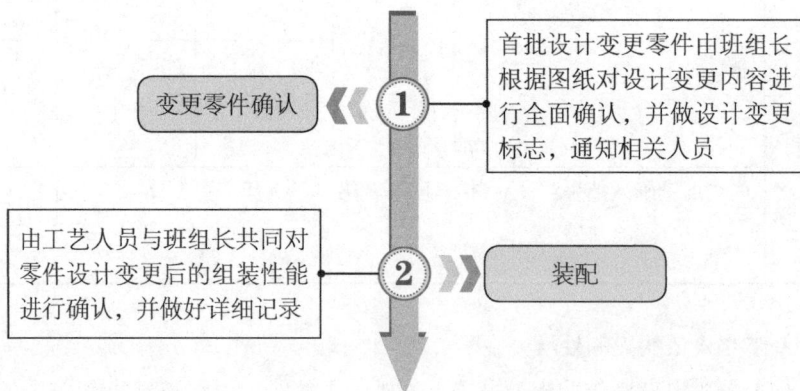

变更零件确认 ① 首批设计变更零件由班组长根据图纸对设计变更内容进行全面确认，并做设计变更标志，通知相关人员

② 由工艺人员与班组长共同对零件设计变更后的组装性能进行确认，并做好详细记录　　**装配**

图 5-12　设计变更的实施步骤

设计变更实施过程中如果出现异常，应通知技术研发部门分析原因，并决定对策（必要时联络客户共商对策）。

同时，要特别加以注意的是，对实施日期、批量有要求的设计变更应该严格按照要求的实施日开始进行变更。

（5）作业方法变更的处理

作业方法有变更时应修改"作业指导书"，并指导员工按新的作业方法进行作业，并处理作业中发生的异常，直到员工熟练为止。

（6）旧零件的处置

对旧零件的处置应具体情况具体分析，如表5-5所示。

表5-5 旧零件的处置方法

序号	类别	处置方法
1	可使用的旧零件	根据旧零件总的在库数量，安排生产，确保旧零件优先使用
2	追加工后可以使用的旧零件	企业内进行的追加工由工艺技术人员指示追加工方法，必要时制定上下限限度样本。当零件追加工完成后，一定要重新检验合格后才能做入库处理，追加工记录和再检记录也要予以保存
3	不可使用的旧零件	做好隔离和标识，按企业规定的程序实施报废

3.变更后产品质量的确认

各部门按照"变更申请书"的内容进行质量确认，将确认结果记录在相关栏目中，最后返回质管部存档。

四、执行"三不"原则

"不接受不合格品、不制造不合格品、不流出不合格品"的"三不"原则是许多企业的质量方针、质量目标或宣传口号。"三不"原则是质量保证原则，班组长一定要严格实施。

"三不"原则的实施使每一个岗位、每一个员工都建立起"生产出使自己和客户都满意的产品"的信念，用一根无形的质量链贯穿于生产的全过程，制约每个作业人员，使流程的各个环节始终处于良好的受控状态，进入有序的良性循环。通过全体员工优良的工作质量保证产品的质量。

（一）"三不"原则的基本做法

1.不接受不合格品

不接受不合格品是指员工在生产加工之前，先对前道传递的产品按规定进行检查，一旦发现问题则有权拒绝接受，并及时反馈给前道工序。前道工序人员需要马上停止加工，追查原因，采取措施，使质量问题得以及时纠正，避免不合格品的继续加工所造成的浪费，如图5-13所示。

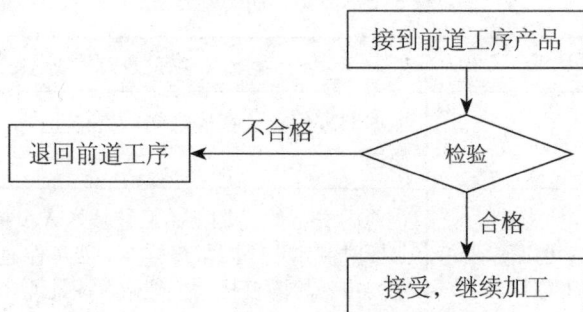

图5-13 不接受不合格品的原理

2.不制造不合格品

不制造不合格品是指在接受前道工序的合格品后，作业人员在本工序的加工过程中严格执行作业规范，确保产品的加工质量，对作业前的检查、确认等准备工作做得充分到位，对作业中的过程状况随时留意，避免或及早发现异常的发生，减少产生不合格品的概率。准备充分并在过程中得到确认是不制造不合格品的关键，只有"不产生不合格品"才能使得"不流出不合格品"和"不接受不合格品"成为可能。

3.不流出不合格品

不流出不合格品是指员工完成本工序加工后，须先检查确认产品质量，一旦发现不合格品，必须及时停机，将不合格品在本工序截下，并且在本工序内完成不合格品的处置和采取防止措施（见图5-14），保证传递到后道工序的是合格产品，否则会被后道工序的"客户"所拒收。

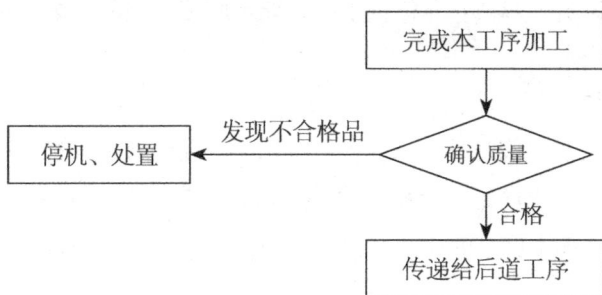

图 5-14 不流出不合格品的原理

（二）"三不"原则的实施要点

"三不"原则是班组现场质量保证的重要标准，在实施过程中需注意以下要点，如图 5-15 所示。

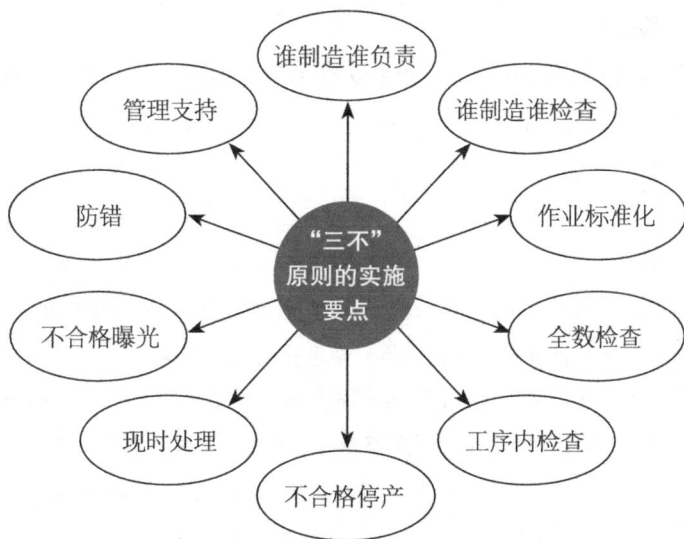

图 5-15 "三不"原则的实施要点

1. 谁制造谁负责

产品设计开发结束，工艺参数流程明确后，产品的质量波动就是制造过程的问题。每个人的质量责任从接受前道工序的合格产品开始，规范作业确保本道工序的产品质量符合要求是员工最大的质量任务。一旦在本工序发现不合格或有后道工序反馈的不合格，该员工必须立即停止生产，调查原因，采取对策，对产品的质量负责到底。

2. 谁制造谁检查

产品的生产人员，同时是产品的检查人员，产品的检查只是生产过程的一个环节。通过检查，确认生产是否合格，也确保流入下道工序的是合格品。通过自检，作业人员对本工序加工产品的状态了解得更清楚，有利于其不断提升加工水平，提高产品质量。

3. 作业标准化

产品从设计开发、设定工艺参数开始，就要对作业流程中的所有作业步骤、作业细节进行规范化、标准化，并不断完善，每一个员工也必须严格执行标准化作业。标准化是工序最佳的作业方法，是保证产品质量一致性的唯一途径。

4. 全数检查

所有产品、所有工序无论采取什么形式都必须由作业人员实施全数检查。

5. 工序内检查

质量是作业人员制造出来的，如果安排另外的检查人员在工序外对产品进行检查或修理，不仅浪费资源，而且无法提高作业人员的责任心，反而姑息了作业人员对产品质量的漠视。

每个员工必须对本工序产品的"合格""不合格"以及"异常"三种状况界定得非常明确，知道标准化作业是制造合格品的关键，但同时还必须知道产品不合格的原因，从而知道了避免不合格产生的措施，并进一步去认真落实这些预防措施，执行标准化作业。

6. 不合格停产

在工序内一旦发现不合格，作业人员有权利也有责任立即停止生产，并立即进行调查。

7. 现时处理

在生产过程中，出现不合格品时，作业人员必须从生产状态转变到调查处理状态，马上停止作业并针对产生不合格品的4M等现场要素及时进行确认，调查出造成不合格的"真正元凶"并及时处理。

8. 不合格曝光

在生产过程中出现的任何不合格必定有其内在的原因，只有真正解决了发生不合格的原因，才能控制不生产出不合格品。因此，对于发生不合格品的情况，不仅作业人员要知道，还必须让管理层知道，让质量保证人员知道，让设计开发人员知道。大家一起认真分析对策，并改善作业标准，而不是简单地由作业人员对不合格品自行返工或作报废处理，这样下一次还会发生同样的问题。

9. 防错

产品的质量保证不能够完全依赖于作业人员的责任心，任何人都会有情绪，会有惰性，会有侥幸心理，以及会受一些意外因素的干扰，从而使产品质量出现波动。因此，必须尽可能科学合理地设计和使用防错装置。同时在现场管理中，认真进行细节管理，尽量把工作做在前面，进行周全的计划、充分的准备、事先的预防，减少各种差异变动，只有这样才能把质量控制在要求的范围内。

10. 管理支持

作业人员承担产品的质量责任，但产品出现不合格时，管理层应该承担更多的责任，因为现场管理人员的职责就是帮助员工解决问题。当员工发现问题并报告时，作为现场管理人员的班组长应第一时间出现在现场，一起调查处理问题。对于不合格品，若只是轻率地推卸责任给作业者，不仅不能彻底解决不合格品的产生，而且易造成管理层与员工之间的对立。所以，班组长应对员工进行指导，事先预防问题的产生，在出现问题后和员工共同分析、调查、解决问题，同时必须配备员工所需的资源设施，帮助解除员工生活、工作上的后顾之忧。总之，只有班组长成为员工的坚强后盾，"三不"原则才能真正在班组中落实。

五、换线质量控制

换线的实质是在短时间内变更制程，这种情况下因为忙乱而导致质量问题发生得较多。下面以组装生产线的切换控制为例对换线质量控制进行说明。

（一）切换的警示标志

在流水线把某个产品全部生产完毕，停下整条流水线，再布置另外一种产品的生产，称为休克式切换法。这种方式非常稳妥，但比较浪费时间，降低了效率。较好的方法是使用不停线切换的方式，在第一件切换产品上标示"产品切换"的字样，这样这件产品在往后道工序流动的过程中，作业人员都会知道它与前面的产品不同，从而用不同的方法来处理。

（二）首件确认

首件确认是指对切换后生产出来的第一件（或几件）产品的形状、外观、参数、规格、性能、相异点进行全面的确认，确认人可以是质检人员，也可以是工艺人员或者班组长。首件确认是最重要的确认工作，可以发现一些致命的批量性缺陷，如零部件用错等，所以要特别认真。

（三）不用品的安排放置

首件确认合格后，意味着切换成功，可以连续地生产下去。对于撤换下来的物料不可轻视，一定要根据使用频率进行安排放置，如表5-6所示。

表5-6　不用品的安排放置

序号	使用频率	放置场所
1	当天再使用的	生产线附近的暂放区
2	三天内再使用的	生产线存放区
3	一周内再使用的	仓库的暂放区
4	一个月内再使用的	重新入库，下次优先使用
5	一个月以上再使用的	重新包装后入库

六、正确处理作业中的不合格品

不合格品是指一个产品单位上含有一个或一个以上的缺点。进行不合格品控制时，一方面要明确相关责任人，另一方面要分析不合格品产生的原因。

（一）不合格品产生的原因

不合格品产生的原因主要有以下几个方面，如表5-7所示。

表 5-7　不合格品产生的原因

序号	主要方面	具体细节
1	作业人员	（1）作业人员培训不足，作业要点没有掌握就上岗操作 （2）缺乏作业标准，作业步骤和要点仅靠作业人员控制，学会与否完全靠作业人员的悟性 （3）作业难度大，作业人员很难长期、持续、稳定地保持下去 （4）对作业人员没有进行监管控制 （5）作业人员情绪波动大，作业失误多 （6）作业人员没有遵照工艺要求去操作 （7）作业人员睡眠不足、生病等身体不适 （8）作业人员个性急躁、精神状态不稳定
2	设备	（1）设备长期缺乏有效的保养、校正，精度不足 （2）作业人员经常违章操作设备，导致设备精度逐步下降 （3）设备本身不稳定，加工精度时好时坏 （4）设备的使用环境恶劣，其性能不能完全发挥 （5）设备已经过了报废年限，出于成本考虑，继续在使用 （6）设备本身加工精度不足，不能满足产品的精度要求
3	材料（来料）	（1）材料使用错误（类似品） （2）来料不符合规格要求，让步接收后质量差异性太大 （3）来料零件的规格太宽松，安装后不能满足成品质量要求 （4）新技术、新材料、新专利等使用后产生的副作用 （5）来料不合格，没有进行检验或没有检验出问题
4	作业特性	（1）判断复杂的作业 （2）难区别的作业 （3）费时的作业 （4）复杂的作业 （5）小心细致的作业 （6）单调的作业 （7）单位时间上作业量多的作业 （8）不能检查确认的作业
5	工作环境	（1）硬环境 ①车间的温度超标 ②车间的干湿度超标 ③车间的洁净度不达标 ④车间的照明度不足或过强 ⑤椅子设置过高或过低 ⑥车间噪声大 ⑦车间空间狭小、配置杂乱

（续表）

序号	主要方面	具体细节
5	工作环境	⑧车间震动大、次数多 ⑨错误的机械设置 （2）突发的环境变化 ①旁边有人走过 ②有电话打来或有人打招呼 ③接到紧急指示 ④突然停电、停气、停水等
6	测量 （检验、检测）	（1）检验规格设定错误 （2）检验项目遗漏 （3）检验设备的精度不足 （4）检验人员的培训不足，能力不够 （5）检验人员没有按照检验标准去执行 （6）没有建立纠正预防措施或机制以防止同类问题再次发生 （7）没有检测工具或手段 （8）检测工具选择不当 （9）检测的基准面没有把握准 （10）对判定标准不理解或理解有偏差
7	管理	（1）缺乏作业标准、作业指导书、图纸等 （2）作业指示不完整、不清晰 （3）对员工管理不严 （4）监督检查确认力度不够 （5）意见交换（交流）、沟通不足，信息不通畅 （6）员工的操作培训不足 （7）员工的教育培训不足

以上这些因素，只是不合格品产生的一些主要因素而已，在实际生产活动中，造成不合格品的原因是多方面、多层次的，不能把眼光只盯在某个局部上。

（二）不合格品的处理

1. 作业人员对不合格品的处理

通常情况下，对作业中出现的不合格品，作业人员（检查人员）在按检查标准判明为不合格品后，一定要将不合格品按不合格内容区分放入红色不合格品盒中，以便班组长进行不合格品分类和不合格品处理。

2. 班组长对不合格品的处理

（1）班组长应每两小时一次对生产线的不合格品情况进行巡查，并将各作业人员工位处的不合格品，按不合格内容区分收回，进行确认。

（2）对每个工位作业人员对不合格品的判定的准确性进行确认。如果发现其中有合格品，要及时送回该生产工位并与该员工确认不合格内容，同时再次讲解该项目的判定标准，提高员工的判断水平。

（3）一天工作结束后，班组长要对一日内生产出的不合格品进行分类。

（4）对某一项（或几项）不合格较多的内容，或者是那些突发的不合格项目进行分析（不明白的要报告上级求得支援），查明不合格原因，拿出一些初步的解决方案，并在次日的工作中实施。

（5）若没有好的对策或者不明白为什么会出现这类不合格时，要将其作为重点解决的问题，在次日的质量会议上提出（或报告上级），通过与他人以及上级讨论，从不同角度分析、研究，最终制定出相应的对策并加以实施，随后确认效果。

（6）当日的不合格品，包括一些用作研究（样品）或被分解报废等的不合格品，都要在当日记录在班组长的每日不合格品统计表上，然后将这类不合格品放置到指定的不合格品放置场所。

> 如果对策实施的效果很好，就要及时将对策内容报告上级，以便写入作业指导书和作业注意事项中，进行全部门的水平展开，从而达到整体改善的目的。

（三）不合格品在现场的标识

为了确保不合格品在生产过程中不被误用，工厂所有的外购货品、在制品、半成品、成品以及待处理的不合格品均应有质量识别标识。

1. 选择标识物

（1）标识牌。标识牌是由木板或金属片做成的小方牌，按货品属性或处理类型将相应的标识牌悬挂在货物的外包装上对货品加以标示。

根据企业标识需求，可分为"待验牌""暂收牌""合格牌""不合格牌""待处理牌""冻结牌""退货牌""重检牌""返工牌""返修牌""报废牌"等。标识牌主要适用于大型货物或成批产品的标示。

（2）标签或卡片。该标识物一般为一张标签纸或卡片，通常也称为"箱头纸"。在使用标签或卡片时将货物判别类型标注在上面，并注明货物的品名、规格、颜色、材质、来源、工单编号、日期、数量等内容。在标示质量状态时，质检人员按物品的质量检验结果在标签或卡片的"质量"栏盖相应的 QC 标示印章。

（3）色标。色标一般为一张正方形（2 厘米 ×2 厘米）的有色粘贴纸。它可直接贴在货物表面规定的位置，也可贴在产品的外包装或标签纸上。色标的颜色一般分为绿色、黄色、红色三种，色标颜色所代表的意义及粘贴位置如表 5-8 所示。

表 5-8　色标颜色所代表的意义及粘贴位置

颜色	意义	粘贴位置
绿色	代表受检产品合格	一般贴在货物表面右下角易于看见的地方
黄色	代表受检产品质量暂时无法确定	一般贴在货品表面右上角易于看见的地方
红色	代表受检产品不合格	一般贴在货物表面左上角易于看见的地方

2. 不合格品的标识要求

在生产现场的每台机器、每条装配拉台、包装线或每个工位旁边一般应设置专门的"不合格品箱"。

（1）对员工自检出的或班组长在巡检中判定的不合格品，班组长应让员工主动地将其放入"不合格品箱"中，待该箱装满时或该工单产品生产完成时，由专门员工清点不合格品数量。

（2）在收集清点的不合格品的外包装表面指定的位置贴上标签，经所在部门的质检员盖"不合格"或"REJECT"印章后搬运到现场划定的"不合格"区域摆放整齐。

（四）不合格品的隔离

对经过标示的不合格品应放置在有隔离措施的场所，这些隔离措施应保证不合格品容易被识别，或不易被错误使用。

1. 不合格品区域

在各生产现场（制造 / 装配或包装）的每台机器或拉台的每个工位旁边，均应配有专用的不合格品箱或袋，以便用来收集生产中产生的不合格品。

在各生产现场（制造／装配或包装）的每台机器或拉台的每个工位旁边，要专门划出一个专用区域用来摆放不合格品箱或袋，该区域即为"不合格品暂放区"。

各生产现场和楼层要规划出一定面积的"不合格品摆放区"用来摆放从生产线上收集来的不合格品。

所有的"不合格品摆放区"均要用有色油漆进行画线和用文字注明，区域面积的大小视该单位产生不合格品的数量而定。

2. 标识放置

（1）对已做过判定的不合格品，且所在班组或责任人员无异议时，由责任班组安排人员将不合格品集中打包或装箱。质检人员在每个包装物的表面盖"REJECT"印章后，由班组现场人员送到"不合格品摆放区"，按类型堆栈、叠码。

（2）对质检人员判定的不合格品，责任班组有异议时，由班组长向所在部门质检组长以上级别的质量管理人员进行交涉，直至异议公平、公正地解决为止。

3. 不合格品区域管制

（1）不合格品区内的货物，在没有质管部的书面处理通知前，任何部门或个人不得擅自处理或使用。

（2）不合格品的处理必须要由质管部监督进行。

> 隔离不合格品应能使员工清楚地区分不合格品，避免因错用不合格品而造成产品质量低下，影响生产效率。

4. 不合格品记录

现场班组长或质检员应将当天产生的不合格品数量如实地记录在当天的巡检报表上，同时对当天送往"不合格区"的不合格品进行分类，详细地填写在"不合格品隔离控制统计表"上（该表应注明负责班组、工位、不合格品变动情况、生产区编号等），并经生产部门或班组签字确认后交质管部存查（见表 5-9）。

表 5-9　不合格品隔离控制统计表

生产部门/班组：　　　　　　　　　　　　　　　　　　　　日期：

品名 / 规格	颜色	编号	工位	不合格品变动			区编号	备注
				进	出	存		

生产部门：　　　　　　　　　　　　　　　　质检人员：

第三节　班组质量改善

一、运用防错法减少失误

（一）防错法的概念

正所谓"老虎也有打盹的时候"，没有人能够保证自己从不犯错误。企业不能只依靠奖惩制度去避免错误，而是要建立一套有效防止和纠正错误的机制。

防错法的思想是"一次把事情做好"。其做法首先是采取预防措施，不让错误有发生的机会；其次是采用自动检测方法，即使员工操作失误也能及时发现。防错法要求每个过程都要实施检查，一道工序的产品在转后道工序之前需要经过检查，后道工序在接受这些产品之前也要首先检查。

（二）防错法的基本原则

在实行"防错法"时，要遵循以下四项原则。

1. 轻松原则

对于难以辨认、难拿、难动等使作业人员容易疲劳而发生失误的作业，可以这样进行改善：

（1）用不同颜色区分——容易辨认；

（2）加上把手——容易拿；

（3）使用搬运器具——动作轻松。

2. 简单原则

需要高技能与直觉的作业容易发生人为失误，可考虑用夹具或机械装置，使新进人员或辅助人员也不容易出错。

3. 安全原则

有不安全或不安定因素时，及时改善使作业人员不会有危险；马虎作业或勉强作业有危险时，设法安装马虎或勉强时无法作业的装置。

4. 自动化原则

对于依赖眼睛、耳朵等感官进行而容易发生失误的作业，可制作夹具或使之机械化，减少用人的感官进行判断。

（三）现场易出的差错及基本防错对策

在生产现场容易出的差错归纳起来有以下几种类型。

1. 忘记类差错

作业人员在操作中忘记一些操作而导致的差错。

例如，焊接工忘记调节电流强度，致使产品焊穿或假焊。

对策：

（1）让作业人员保持警觉；

（2）按一定频率进行检查。

2. 由于误解而犯的错

有时，在未了解现状之前作业人员就匆匆开始作业，导致错误。

例如，在生产车间把某产品外观相似的物料误用。

对策：培训、事先检查、工作程序标准化。

3. 识别类错误

当作业人员观察一个现状时，可能由于过得太快、离得太远而没有看清楚，导致对现状的错误判断。

例如，将编号看错。

对策：培训，提高注意力和警觉性。

4. 无经验差错

有时作业人员会由于缺少经验而犯错误。

例如，新员工不熟悉操作或没有完全熟悉操作。

对策：训练技能、工作标准化。

5. 故意类差错

在某些条件下，当作业人员决定忽略某些原则时，就会发生差错。

例如，在钻孔时，把直径为 9 毫米的钻孔钻成直径为 10 毫米的钻孔，认为误差 1 毫米没有关系。

对策：进行基本教育和经验分享。

6. 非故意类差错

有时由于精神不集中发生的差错。

例如，包装产品时由于精神不集中装错部件。

对策：提高注意力，强化纪律性，工作标准化。

7. 因慢而出错

有时由于判断滞后，使作业人员的行动变慢，从而出现差错。

例如，驾驶员没有及时踩刹车。

对策：提高技术水平、注意力，工作标准化。

8. 因无标准而出错

有时由于没有工作标准、指示不清而发生差错。

例如，口头分配工作。

对策：工作标准化，明确工作指示。

9. 偶然性错误

在没有预兆的情况下，突然发生的一些错误。

例如，机器在没有报警的情况下突然失灵。

对策：全面生产维护、工作标准化。

二、培养"后道工序是客户"的意识

案例

"班长，这活我不想干了，三班太欺负人了！"清早一上班，一班的小海就开着叉车气喘吁吁地找到本班班长刘杰哭丧着脸说。

"什么事啊？把你气成那样了，说来听听！"

"还是上次那事，这回我们班送过去的材料他们又说有问题，说是我们产品里面的粉尘太多，容易对他们的机器产生磨损，而且嫌我们的东西毛边太多。之前你说不用管的，我就直接给他们送过去了，谁知道他们竟然要我们给拉回来，说要我们清理完之后才给他们，否则就不收货。还说我们再这样下去的话他们就找老板投诉了，你说让我怎么做？"

其实，这就是典型的前道工序的工作没有做好，没有及时了解后道工序的需求，导致后道工序产生不满，让前道工序的班组员工返工、加班，使人力成本增加，最后造成各部门之间的情绪被放大和企业财产被浪费。因此，为了更好地发挥班组各自的效用，班组长应让员工树立"后道工序是客户"的意识，这样不仅让员工拥有合作精神，在企业内建立和谐的人际关系，而且也让员工将保证企业产品质量、成本、交期当成自己分内的工作去做，使各个部门工作环环相扣。那么如何才能让员工树立"后道工序是客户的意识"呢？班组长可从以下几个方面入手。

（1）每一个工序的员工应该熟悉自己本工序所负责的工作内容和自己的责任范围。如果存在一些"灰色区域"则需要班组长与后道工序负责人员共同协商，以明确界定双方的责任和义务。

（2）教育员工经常从"后道工序是客户"的角度来思考问题，做好本工序工作。

（3）班组长或员工都应多了解后道工序的操作程序，如找后道工序要几个样品，以了解自己的成品是用在哪一个位置的。

（4）建立与后道工序的联络方式，有需要时可以建立窗口连接。

（5）及时向后道工序和前道工序反馈相应的信息。

（6）设置检查的样品，以便于随时查对。

（7）自己在工作中或工作后随时进行自我检查，以便及时改善。

三、开展 QC 小组活动

QC 小组即质量管理小组，是指在生产现场或工作岗位上的员工自愿组织起来，运用质量管理的基本理论和方法，开展群众性的质量管理活动的小组，大家一起解决工作场所存在的问题，以达到质量改善的目的。QC 小组是质量管理一种有效的组织形式。

（一）QC 小组活动的作用

（1）有利于开发智力资源，提高员工的素质。

（2）预防质量问题，并不断进行改进。

（3）有利于改善人际关系，强化团队意识和质量意识，从而提高班组的工作效率。

（二）组建 QC 小组的原则

（1）自愿参加、自愿结合是组建 QC 小组的基本原则。

（2）由上而下、上下结合是组建 QC 小组的基础。

（3）管理人员、技术人员和一线生产人员三结合是组建 QC 小组的好形式。

（4）实事求是、结合实际，是 QC 小组运行的原则。

（三）QC 小组的人数

QC 小组人员不宜过多，一般 3 ~ 10 人为宜。

（四）QC 小组组长的职责

（1）组织小组成员制订活动计划，进行工作分工，并带头按计划开展活动。

（2）负责联络协调工作，及时向上级主管部门汇报小组活动情况，争取支持和帮助。

（3）抓好质量教育，组织小组成员学习有关业务知识，不断提高小组成员的质量意识和业务水平。

（4）团结小组成员，为小组成员创造宽松的环境，增强小组的凝聚力。

（5）经常组织召开小组会议，研究解决各种问题，做好小组活动记录，并负责整理和发表成果。

（五）QC 小组活动的步骤

QC 小组活动可以按以下步骤来进行，如图 5-16 所示。

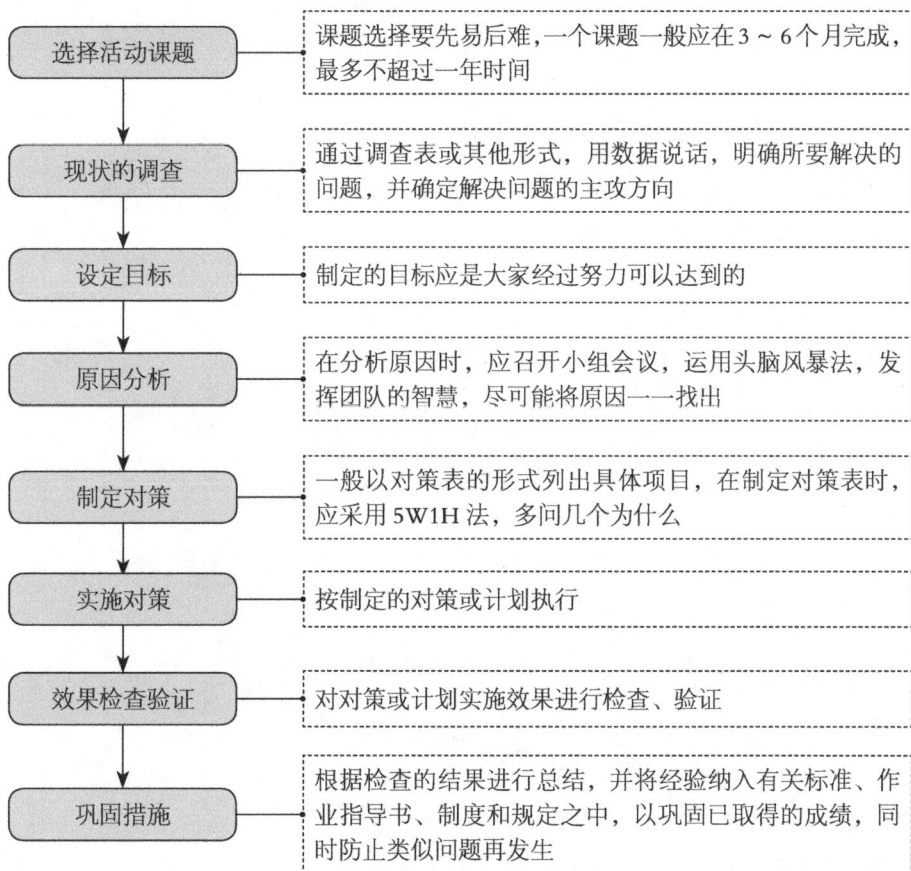

步骤	说明
选择活动课题	课题选择要先易后难，一个课题一般应在 3 ~ 6 个月完成，最多不超过一年时间
现状的调查	通过调查表或其他形式，用数据说话，明确所要解决的问题，并确定解决问题的主攻方向
设定目标	制定的目标应是大家经过努力可以达到的
原因分析	在分析原因时，应召开小组会议，运用头脑风暴法，发挥团队的智慧，尽可能将原因一一找出
制定对策	一般以对策表的形式列出具体项目，在制定对策表时，应采用 5W1H 法，多问几个为什么
实施对策	按制定的对策或计划执行
效果检查验证	对对策或计划实施效果进行检查、验证
巩固措施	根据检查的结果进行总结，并将经验纳入有关标准、作业指导书、制度和规定之中，以巩固已取得的成绩，同时防止类似问题再发生

图 5-16 QC 小组活动步骤

第六章

管好班组生产设备

　　设备是为保证正常生产所配置的技术装备，仪器，仪表，试验、检测、控制设施等的总称。班组作为设备的使用部门，对设备的管理要做到正确使用、精心养护、科学维修，使设备始终处于良好的技术状态，提高设备的综合效能，保证安全生产，使企业取得良好的投资和经济效益。

第一节　设备管理基础知识

设备是班组正常生产运营的基本保障。班组长要做好对设备的管理，要对班组设备有一定的了解。

一、什么是设备

设备是为保证正常生产所配置的技术装备，仪器，仪表，试验、检测、控制设施等的总称。班组生产现场中要使用的设备主要包括以下几种。

（1）操作设备：如机床、打包机、自动插件机等。

（2）计测器：用于质量判定的测量用具。

（3）工装夹具：多由企业自行设计制作，是为了提高效率、保证质量，在组装、加工或测量时用来定位或者判定的辅助器具。

（4）工具：如电钻、扳手等。

（5）样板或样品：指用来做观感判定（颜色、外观）、实物判定（尺寸、形状）用的物品，是测量的一种替代形式。

二、设备的类型

设备是现代工业生产活动不可或缺的器具，是指企业在生产过程中使用的机器、工具及它们的混合体。通常企业使用的设备有图 6-1 所示的几种类型。

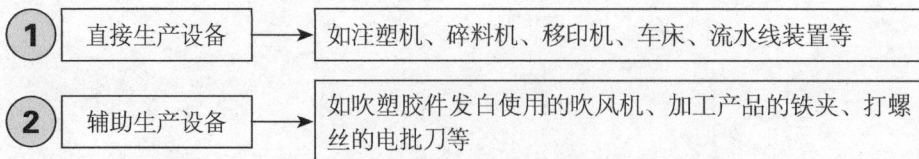

| 1 | 直接生产设备 | → | 如注塑机、碎料机、移印机、车床、流水线装置等 |
| 2 | 辅助生产设备 | → | 如吹塑胶件发白使用的吹风机、加工产品的铁夹、打螺丝的电批刀等 |

图 6-1　企业常用设备类型

③	间接生产设备	→	如发电机、照明电器、空压机等
④	检测设备	→	如度量尺寸的卡尺、塞规、投影仪和测试产品强度用的拉力计、扭力磅等
⑤	运输设备	→	如电梯、叉车、手推车等
⑥	办公设备	→	如电脑、打字机、复印机、碎纸机等
⑦	生活设备	→	如饮水机、烘手机、消毒柜、厨房设备等

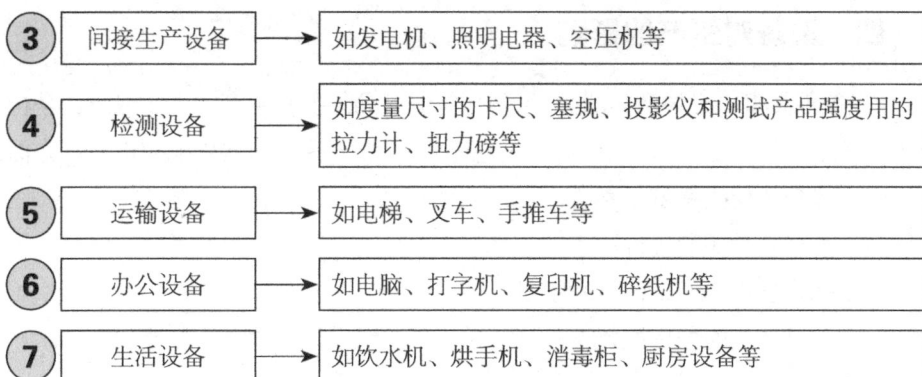

图 6-1 企业常用设备类型（续图）

三、设备与生产的关系

目前，企业间的竞争日益激烈，尤其是制造业的利润日渐微薄，为了谋求生存和发展，企业总是想方设法降低生产成本（见图 6-2），以提高竞争力，而最大化地利用设备便是其中重要的一环。具体的做法就是在保证生产正常进行的条件下，降低生产设备的损耗，合理使用，延长生产设备的使用寿命，同时注意降低生产设备在制造、采购、维修保养等方面的费用和成本。

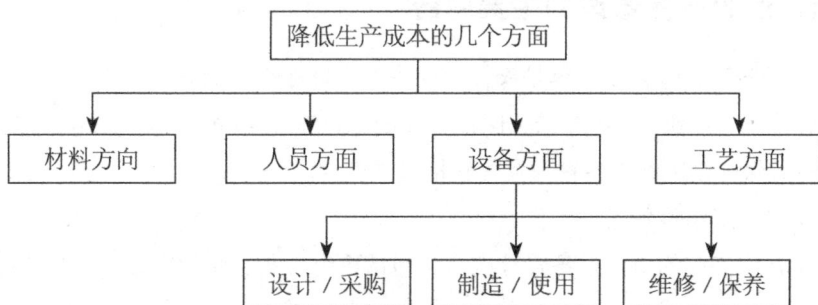

图 6-2 企业降低生产成本的几个方面

假如生产使用的设备运行速度缓慢，经常出现故障或使用起来很费劲，将会导致生产的产品质量不稳定、作业人员易产生疲劳感或存在安全隐患等问题，势必造成不必要的资源浪费并增加生产成本，而且产品也不能满足客户的要求。由此可知设备与生产是唇齿相依的关系。

四、设备对生产的影响

"工欲善其事，必先利其器。"设备是完成产品加工和生产的重要保障，是构成企业生产力的重要因素之一，设备的先进程度、状态好坏，直接影响到以下几方面：

（1）设备的使用精度与寿命；

（2）生产能否顺利进行；

（3）因设备引起的工伤事故频率；

（4）产品质量的稳定性；

（5）生产效率的提升；

（6）设备使用的综合效率；

（7）生产成本的降低；

（8）产品交货期的准确率；

（9）员工操作的疲劳度；

（10）员工劳动的积极性；

（11）创造的经济价值的多少。

从上面这些内容可以看出，设备对生产的影响是巨大且不可估量的。因此，班组长应把设备列为生产管理的重要活动予以重视。

五、班组设备管理的主要内容

班组设备管理的主要内容是操作、使用、点检和维护保养。班组设备管理工作是设备管理的主要组成内容，是组织班组员工搞好设备维护保养、规范操作、正确使用的有效保证，班组设备管理具体包括以下内容。

（1）制定班组设备管理工作目标。

（2）建立完整的班组设备管理内容，包括班组台账、原始凭证、信息传递等。

（3）组织并指导员工做好班组内设备的维护保养、日常点检、清扫、加油和紧固等工作。

（4）做好检查工作，认真填写班组设备巡检记录。

（5）参与设备运行中的故障处理。

（6）建立岗位经济责任考核与评比制度，并严格组织实施，逐步提高班组的设备管理水平。

（7）根据设备能力和状态安排生产，及时调整任务和负荷。

（8）根据操作规程对员工的操作行为进行检查和监督。

（9）为设备创造良好的运行环境，对设备的运行和隐患指派专门人员进行监管，并准备随时做出决断。

（10）经常进行爱护机器设备的宣传和教育，使员工能自觉地爱护和正确使用设备，严格执行操作规程制度，养成良好的习惯，使合理使用设备的观念深深地扎根于员工的脑海中并落实在行动中。

六、班组设备管理的主要规程

设备管理规程主要包括设备操作规程、设备使用规程、设备维护规程等，如图 6-3 所示。班组长应该了解这些规程，并按规程检查和监督员工的作业情况。

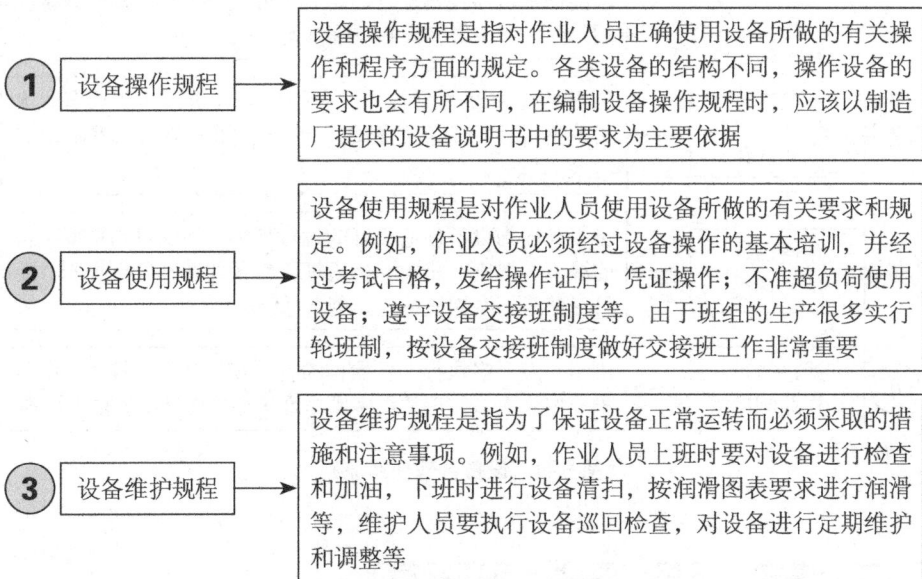

① 设备操作规程	设备操作规程是指对作业人员正确使用设备所做的有关操作和程序方面的规定。各类设备的结构不同，操作设备的要求也会有所不同，在编制设备操作规程时，应该以制造厂提供的设备说明书中的要求为主要依据
② 设备使用规程	设备使用规程是对作业人员使用设备所做的有关要求和规定。例如，作业人员必须经过设备操作的基本培训，并经过考试合格，发给操作证后，凭证操作；不准超负荷使用设备；遵守设备交接班制度等。由于班组的生产很多实行轮班制，按设备交接班制度做好交接班工作非常重要
③ 设备维护规程	设备维护规程是指为了保证设备正常运转而必须采取的措施和注意事项。例如，作业人员上班时要对设备进行检查和加油，下班时进行设备清扫，按润滑图表要求进行润滑等，维护人员要执行设备巡回检查，对设备进行定期维护和调整等

图6-3　班组设备管理的主要规程

第二节　班组设备管理要领

一、设备合理使用原则

作为班组长，要想合理使用机器设备，就应遵守图 6-4 所示的使用原则。

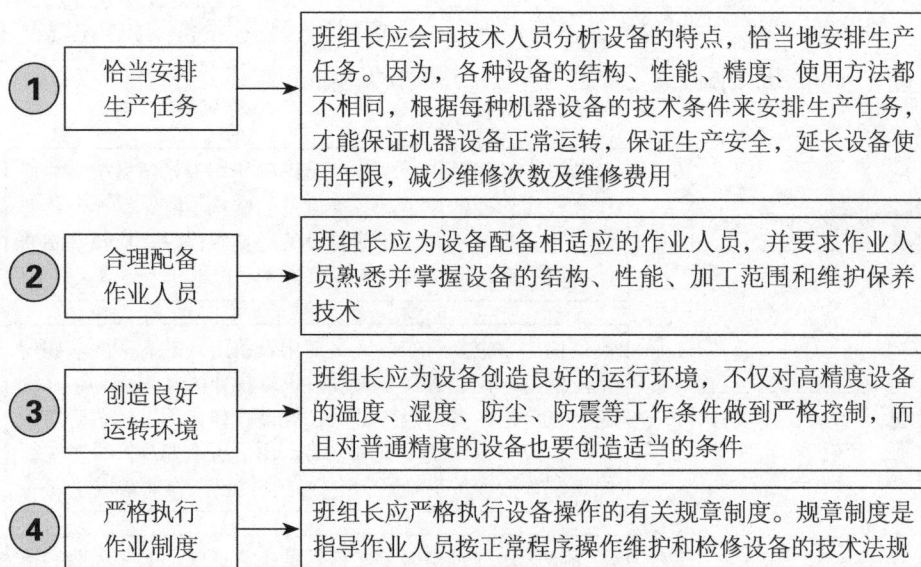

①	恰当安排 生产任务	班组长应会同技术人员分析设备的特点，恰当地安排生产任务。因为，各种设备的结构、性能、精度、使用方法都不相同，根据每种机器设备的技术条件来安排生产任务，才能保证机器设备正常运转，保证生产安全，延长设备使用年限，减少维修次数及维修费用
②	合理配备 作业人员	班组长应为设备配备相适应的作业人员，并要求作业人员熟悉并掌握设备的结构、性能、加工范围和维护保养技术
③	创造良好 运转环境	班组长应为设备创造良好的运行环境，不仅对高精度设备的温度、湿度、防尘、防震等工作条件做到严格控制，而且对普通精度的设备也要创造适当的条件
④	严格执行 作业制度	班组长应严格执行设备操作的有关规章制度。规章制度是指导作业人员按正常程序操作维护和检修设备的技术法规

图 6-4　设备合理使用原则

二、遵守"三好、四会、五项纪律"

班组现场设备的作业人员一定要了解设备操作的"三好、四会、五项纪律"要求，并严格遵守。

（一）"三好"要求

"三好"要求具体如图 6-5 所示。

管好设备	●	作业人员应负责管好自己使用的设备，未经管理人员同意不准他人擅自操作使用
用好设备	●	严格贯彻操作维护规程和工艺规程，不超负荷使用设备，禁止不文明的操作
修好设备	●	设备作业人员要配合维修人员修理设备，保证及时排除设备故障，按计划交修设备

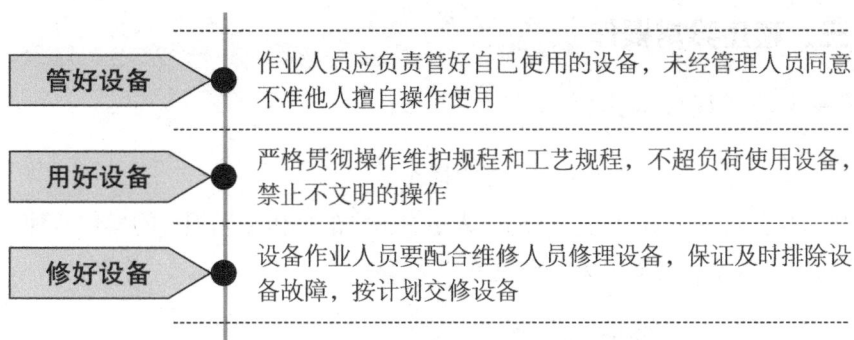

图 6-5　"三好"要求

（二）"四会"要求

"四会"要求具体如表 6-1 所示。

表 6-1　"四会"要求

序号	要求类别	具体说明
1	会使用	作业人员应先学习设备操作维护规程，熟悉设备性能、结构、传动原理，弄懂加工工艺和工装刀具，然后再正确使用设备
2	会维护	学习和执行设备维护、润滑规定，上班加油，下班清扫，经常保持设备内外清洁、完好
3	会检查	作业人员了解所用设备的结构、性能及易损零件部位，熟悉日常点检与完好检查的项目、标准和方法，并能按规定要求进行日常点检
4	会排除故障	熟悉所用设备特点，懂得拆装注意事项，知道如何鉴别设备的正常与异常现象，会做一般的调整和简单故障的排除，作业人员不能解决的问题要及时报告，并协同维修人员进行排除

（三）"五项纪律"要求

（1）实行定人定机，凭操作证使用设备，遵守安全操作规程。

（2）经常保持设备整洁，按规定加油，保证合理润滑。

（3）遵守交接班制度。

（4）保管好工具、附件，不得遗失。

（5）发现异常立即停机检查，作业人员不能处理的问题应及时通知有关人员检查处理。

三、禁止异常操作

（一）异常操作的定义

异常操作是指正常操作手法以外的操作。

异常操作可分为对设备、产品、人员有损害的操作和无损害的操作两种，无论有无损害，都应该严格禁止和设法防止其发生。

（二）防止异常操作的对策

生产现场所有设备的操作顺序都有严格的要求，制造厂家的操作说明也有相关规定，不遵守操作规程会导致机器产生故障。然而，生产现场还是有许多作业人员，尤其是新人，不按操作规程，进行错误的操作。因此，班组长应制定对策，禁止异常操作，具体如图6-6所示。

图6-6　禁止异常操作的措施

（1）操作标准化

制定设备操作规程，并以此为依据来培训作业人员、维修人员和管理人员。作业人员须经过考试合格后，才能操作设备。

（2）设置锁定装置

①通过电脑设定程序，或者在机械上设定异常操作锁定机制，使设备只能按正常步骤往下操作。

②操作键盘上设有透明保护盖（罩、护板），既可以看见动作状态，又能起保护作用，即使不小心碰到保护盖，设备也不会被误操作。

（3）明确非作业人员不得操作

向所有人员讲明"非作业人员，严禁擅动设备，违者重惩"，对违反者给予处罚。设备旁边也应立一块明显标志以作提醒。

（4）制定异常补救措施

预先制定各种异常操作后的补救措施，并对作业人员进行培训，万一出现异常操作，也能使损失降到最低。

（5）制定设备操作规程

一般来说，每台设备都有规定的操作规程，班组长应指导员工学习设备操作规程，并经常监督员工严格按设备操作规程操作。设备操作规程应规定的内容如图6-7所示。

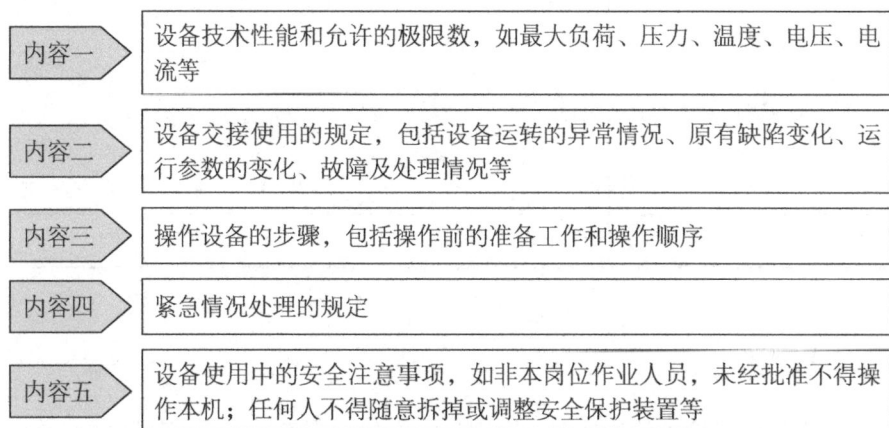

内容一 | 设备技术性能和允许的极限数，如最大负荷、压力、温度、电压、电流等

内容二 | 设备交接使用的规定，包括设备运转的异常情况、原有缺陷变化、运行参数的变化、故障及处理情况等

内容三 | 操作设备的步骤，包括操作前的准备工作和操作顺序

内容四 | 紧急情况处理的规定

内容五 | 设备使用中的安全注意事项，如非本岗位作业人员，未经批准不得操作本机；任何人不得随意拆掉或调整安全保护装置等

图6-7 设备操作规程应规定的内容

四、交接班要清楚

在多班制操作设备的情况下，不论是作业人员、班组长、值班维护工还是维修组长，都应该在交接班时办理交接手续。

（一）手续办理方式

交接手续一般以作业人员口头汇报，班组长或作业人员记录，班组长检查的方式进行。所有记录都要登记在"设备交接班记录簿"上（见表6-2），以便相互检查，明确责任。

表6-2 设备交接班记录簿

清扫、润滑情况					
机床各部位	冷却液	油毡	周围场地清洁	上次加油时间及数量	油孔情况

（续表）

使用情况				
传动机构是否正常	零部件状况	附件工具是否齐全	电器	其他
生产上的注意事项				
交班时间		交班人		接班人

（二）交接内容

交班人员应将设备使用情况，特别是隐蔽缺陷和设备故障的排除经过及现状，详细告诉接班人员，或在记录簿内详细记载。

接班人员要对汇报和记录进行核实，并及时会同交班人员采取措施，排除故障后，才可接班继续工作。接班人员如果继续加工交班班组已开始生产的工序或零件，也可不停机交接。

（三）交接班标准

在交接班时，生产现场一般应达到以下四项标准，达不到标准的，接班班组可以不接班。

（1）风、气、水、油不漏。

（2）油眼畅通，油质良好。

（3）设备清洁，螺丝不松。

（4）工具、附件等清洁、完整。

也有人把以上四项标准总结为"十交五不接"。"十交"是交任务、交原料、交操作、交指标、交质量、交问题、交经验、交工具、交记录、交安全与卫生；"五不接"是设备润滑不好不接、工器具不全不接、操作情况没交代清楚不接、记录不全不接、卫生不好不接。

五、做好设备整顿、清扫与污染源管理

（一）设备整顿管理

1. 设备整顿原则

设备整顿原则是要做到容易清扫、操作和检修，最重要的则是"安全第一"。

（1）设备旁必须挂有"设备操作规程""设备操作注意事项"等，设备的维修保养也应该做好相关记录。这不但能给予员工正确的操作指导，也可让客户对企业有信心。

（2）设备之间的摆放距离不宜太近，近距离摆放虽然可节省空间，却难以清扫和检修，而且还会相互影响操作并导致意外。

（3）把一些容易相互影响操作的设备与一些不易相互影响操作的设备进行位置上的合理调整。在设备的下面再加装滚轮，从而可以轻松地推出来清扫和检修。

2. 机台、台车类整顿方法

（1）先削减作业台、棚架的数量。以"必需的台、架留下，其他的丢弃或加以整理"为原则进行整顿，现场就不会堆积过量的台、架了。

（2）台或架的高度不齐时，可在下方加垫至高处齐平，还可加装车轮使台、架移动方便，并制作能搭载作业必要物品的台车，在换模换线或零件替换时，可以将台车作整组更换。

（3）台或架等，不可直接放置在地面上，应置于架高的地板上，这样较容易清扫。

3. 配线、配管的整顿方法

在现场常见的如蜘蛛网般的配线、地底下或地面上杂乱无章的配管，这些情形都会成为刮破、磨耗或错误的起因和受伤及故障的根源。

（1）可以考虑在地板上架高或加束套来进行防擦伤、防震动方面的改善。

（2）在配线、配管方面必须采取直线、直角的安装方式，以防松脱。

（3）将地底下的配线全部架设在地面上，并垫高脚架，在每一条配线上标上名称、编号并利用颜色进行区分，这样可防止发生错误。

4. 对设备整顿状况进行检查

班组长最好编制整顿鉴别表，用于对设备的再检查。整顿鉴别表的主要项目如下。

145

（1）部门：填入设备的使用部门或工程名。

（2）检查者：填入检查者的姓名。

（3）分类：将整顿的对象进行分类。

（4）着眼点：列清整顿对象的着眼点。

（5）检查：检查者进行现场巡视的同时对设备整顿状况进行检查。

（6）检查结果："是"，表示做到；"否"，表示没做到，需要对策。

（7）对策、改善方案（完成期限）：针对检查中"否"的情况，想出对策或改善方案，将其填入改善栏内。

具体的设备整顿检查表如表 6-3 所示。

表 6-3　设备整顿检查表

部门：　　　　　　　　　　　检查者：

分类	序号	着眼点	检查		对策、改善方案（完成期限）
			是	否	
设备	1	有无清除设备侧面或控制板套盖上的油垢、手污			
	2	有无清除油量显示或压力表等玻璃上的污物			
	3	有无将所有的套盖打开，清除其中的污物或灰尘			
	4	有无清除附着于气压管、电线上的尘埃、垃圾			
	5	有无清除开关类上的灰尘、油垢等			
	6	有无清除附着于灯管上的灰尘（使用软布）			
	7	有无清除段差面上的油垢或灰尘（使用湿抹布）			
	8	有无清除附着于刀具、治具上的灰尘			
	9	有无清除模具上的油垢			
	10	有无清除测定器上的灰尘			
油品	11	是否做了油罐、给油具、注油口的色别整顿			
	12	是否做了油品种类汇总			
	13	在油品放置处是否有"三定"看板			

（二）设备清扫管理

设备一旦被污染，就容易出现故障，并会缩短使用寿命。为了防止这类情况的发生，要定期进行设备和工具的检查，经常细心地进行清扫。

1. 清扫准备

（1）安全教育。对员工做好清扫工作相关安全教育，对可能发生的事故（触电、刮伤碰伤、涤剂腐蚀、坠落砸伤、灼伤等不安全因素）进行预防和警示。

（2）设备常识培训。对员工就设备的老化、出现的故障、可以减少的人为劣化因素、减少损失的方法等进行培训，使员工通过学习设备基本构造，了解其工作原理，能够对出现尘垢、漏油、漏气、震动等异常状况的原因进行分析。

（3）技术准备。事先制定相关作业指导书，明确清扫工具、清扫位置、加油润滑的基本要求、螺丝钉卸除和紧固的方法及具体步骤。

2. 设备清扫范围

在进行设备清扫时需要注意以下内容。

（1）不仅设备本身，其附属、辅助设备也要清扫。

（2）容易发生跑、冒、滴、漏的部位要重点检查确认。

（3）油管、气管、空气压缩机等看不到的内部结构要特别留心。

（4）核查注油口周围有无污垢和锈迹。

（5）表面操作部分有无磨损、污垢和异物。

（6）操作部分、旋转部分和螺丝连接部分有无松动和磨损。

通过清扫把污垢、油渍、灰尘、原材料加工剩余物清除掉，这样漏油、裂纹、松动、变形等设备缺陷就会暴露出来，从而便于采取相应的补救措施。

3. 清扫发现的问题的处理

清扫设备时会发现不少问题，因而对发现的问题要及时处理，进行改进。

（1）维修或更换难以读数的仪表装置。

（2）添置必要的个人安全防护装置。

（3）及时更换绝缘层已老化或损坏的导线。

（4）对需要防锈保护或需要润滑的部位，要按照规定及时加油保养。

（5）清理堵塞管道。

（6）调查跑、冒、滴、漏的原因，并及时处理。

（7）进行清扫检查。

为了解设备的清扫状况，并对员工起到一些监督作用，班组长须制定"清扫检查表"对设备的清扫状况进行检查（见表6-4）。

表 6-4　设备清扫检查表

部门：　　　　　　　　　检查者：

序号	着眼点	检查	
		是	否
1	有无清除机器设备侧面或控制板套盖上的油垢、手污		
2	有无清除油量显示或压力表等玻璃上的污物		
3	有无将所有的套盖打开，清除其中的污物或灰尘		
4	有无清除附着于气压管、电线上的尘埃、垃圾		
5	有无清除开关类上的灰尘、油垢等		
6	有无清除附着于灯管上的灰尘（使用软布）		
7	有无清除段差面上的油垢或灰尘（使用湿抹布）		
8	有无清除附着于刀具、冶具上的灰尘		
9	有无清除模具上的油垢		
10	有无清除测定器上的灰尘		

（三）污染源的管理

即使每天进行清扫，油渍、灰尘和碎屑还是无法杜绝，要彻底解决问题，还须查明污垢的来源，从根本上解决问题。

1.污染、泄漏产生的原因

工厂污染源产生的原因，大致有以下几个方面。

（1）管理意识低下——未将污染源当作重要的问题来考虑。

（2）放任自流——不管污染源产生在何处，任其呈现破损及不正常状态。

（3）维持困难——由于清扫难度大，所以干脆放弃不管。

（4）技术不足——解决方法的技术不足或完全未加以防范。

2.污染源调查

在进行污染源调查之前，须先确认是什么污染物。由于污染的种类、形态、严重度、产生量等的不同，大扫除的方法、调查的方法以及对策也会完全不一样。

污染有的是制造过程中自然发生的，有的是不应该发生的，有的是绝对不可发生的，而有时因为不注意小污染变成了严重的污染……总之，必须追查污染物发生的原因，并以认真的态度及有效的方法追根究底解决污染源。

通过对污染源的调查，将具体的发生部位挂上"污染源调查表"，其内容如表 6-5 所示。

表 6-5　污染源调查表

发生部位：＿＿＿＿＿＿＿＿＿＿＿＿＿＿＿＿＿＿＿＿＿＿＿＿＿＿＿＿＿＿＿＿＿
状态：＿＿＿＿＿＿＿＿＿＿＿＿＿＿＿＿＿＿＿＿＿＿＿＿＿＿＿＿＿＿＿＿＿＿＿
发生量（用数字明确标示量化程度）：
＿＿＿＿＿＿＿＿＿＿＿＿＿＿＿＿＿＿＿＿＿＿＿＿＿＿＿＿＿＿＿＿＿＿＿＿＿＿

测定方法：＿＿＿＿＿＿＿＿＿＿＿＿＿＿＿＿＿＿＿＿＿＿＿＿＿＿＿＿＿＿＿＿

防范方法（防止对策或回收方法）：
＿＿＿＿＿＿＿＿＿＿＿＿＿＿＿＿＿＿＿＿＿＿＿＿＿＿＿＿＿＿＿＿＿＿＿＿＿＿
＿＿＿＿＿＿＿＿＿＿＿＿＿＿＿＿＿＿＿＿＿＿＿＿＿＿＿＿＿＿＿＿＿＿＿＿＿＿
＿＿＿＿＿＿＿＿＿＿＿＿＿＿＿＿＿＿＿＿＿＿＿＿＿＿＿＿＿＿＿＿＿＿＿＿＿＿
＿＿＿＿＿＿＿＿＿＿＿＿＿＿＿＿＿＿＿＿＿＿＿＿＿＿＿＿＿＿＿＿＿＿＿＿＿＿
＿＿＿＿＿＿＿＿＿＿＿＿＿＿＿＿＿＿＿＿＿＿＿＿＿＿＿＿＿＿＿＿＿＿＿＿＿＿

调查后，找到污染最严重的重点部位，如保护盖移位或松动等，对此可以立即实施对策；其他项目须依重要程度顺序实施对策。

3. 寻求解决对策

污染源的解决对策就是减少污染发生量或完全不让污染发生的办法，具体内容如下。

（1）研讨各种技术，在容易产生粉尘、喷雾、飞屑的部位装上挡板、覆盖物等改善装置，将污染源局部化，以保障作业安全及利于废料收集，从而减少污染。

（2）在设备更换、移位时，同样要将破损处修复。

（3）设备的日常维持管理是相当重要的，对有黏性的废物如胶纸、不干胶、发泡液等，必须通过收集装置进行收集，以免弄脏设备和地面。

（4）在机器擦洗干净后要仔细地检查给油口、油管、油泵、阀门、开关等部位，观察油槽周围有无容易渗入灰尘的间隙或缺口；排气装置、过滤网、开关是否有磨损、泄漏现象。

（5）机器控制系统的开关、紧固件、指示灯、轴承等部位是否完好。

（6）思考高效率的收集或去除污染的方法，如油、废水回收的导槽、配管，为收取粉尘而装设的集中收集装置，使污染物不到处飞散的方法，特制的打扫用具，让切屑粉容易流动、方便扫除的设备形状等。

一旦对污染源采取对策之后，对于对策所要花费的费用及工时的评估，对策执行的难易度，本班组是否能解决污染源或者须依赖其他部门的技术支援等问题，都要加以分析。之后进一步思考所采取对策的预期效果，并设定优先顺序，然后再实施，具体如表6-6所示。

表6-6　污染源对策

想法		具体的处理方法	改善重点
发生源对策	杜绝式： （1）不再发生 （2）减少发生量	（1）防止滴漏：密封式、封垫式 （2）防止飞散：门、护盖的形状、飞散方向或形状 （3）松弛、破损的修理 （4）制程设计：无粉尘、密封轴承（无油化）、无研磨 （5）防止堵塞、积存	（1）去除 （2）擦拭 （3）修理 （4）停止 （5）止住 （6）减低 （7）不积尘 （8）集中 （9）不发散 （10）不携带 （11）切削
清扫困难处所对策	收集式： （1）集中的方法 （2）去除的方法	（1）集尘能力、方法的重新修正 （2）去除、回收的方法 （3）扫除道具、收集导板、承油盘形状大小的改善 （4）洗净方法 （5）切削粉的形状、大小、飞散方向、设备本体或基座的形状	

六、设备故障的预防

设备中由于某一结构、机械或零件的尺寸、形状或材料发生改变，而不能满意地执行预定功能的情况，称为设备故障。

（一）设备故障产生的原因

设备故障产生的主要原因有图6-8所示几个方面。

①	设计缺陷	包括结构上的缺陷、材料选用不当、强度不够、没有安全装置、零件选用不当等
②	制造加工缺陷	包括尺寸不准、加工精度不够、零部件运动不平衡、多个功能降低的零件组合在一起等
③	安装缺陷	包括零件配置错误，混入异物，机械、电气部分调整不到位，漏装零件，液压系统漏油，机座固定不稳，机械安装不水平，调整错误等
④	质量管理上的缺陷	包括未认真按质量标准制造检验，使用不合格零件、元件，使用失灵的控制装置，遗漏检验项目等
⑤	使用缺陷	包括环境负荷超过规定值，工作条件超过规定值，误操作，违章操作，零部件、元件使用时间超过设计寿命，缺乏润滑，零部件磨损，设备腐蚀，运行中零部件松脱等
⑥	维修缺陷	包括未按规定维修；维修质量差；未更换已磨损零件；查不出故障部位，使设备带"病"运转等

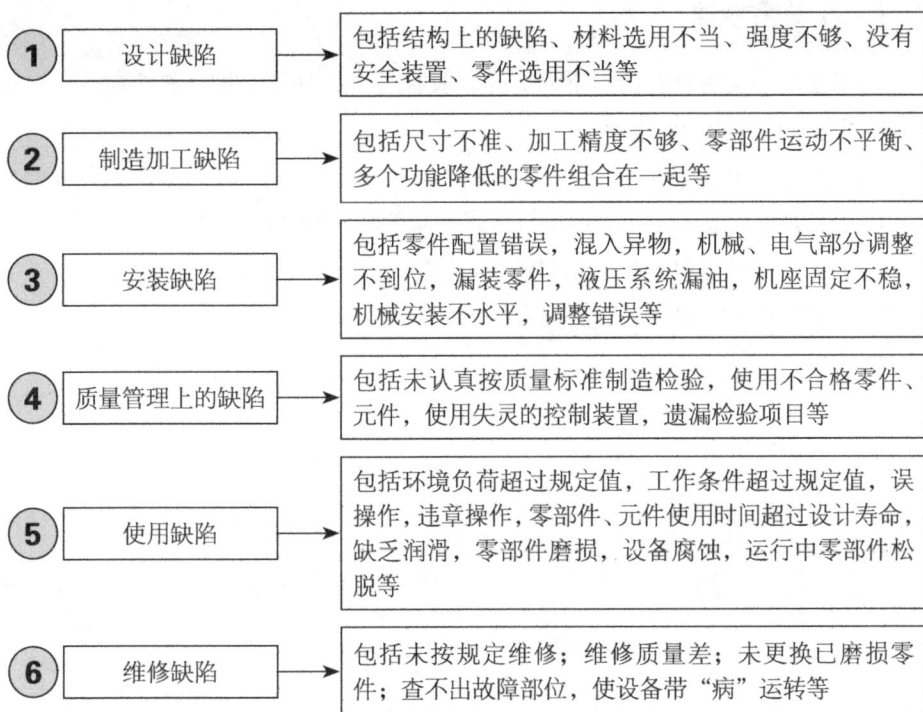

图 6-8 设备故障产生的原因

（二）在设备故障预防上班组应掌握的要领

1. 设备投入使用时

（1）就设备使用说明询问制造厂家，掌握一般的使用方法。

（2）从制造厂家处听取关于保养、点检的要领以及发生故障时的处置说明。

（3）询问设备不良时制造厂家的联系方式。

（4）准备保养所需的材料、用品（可库存一定数量）。

2. 设备日常运转时

（1）遵守操作规程，通过特别清扫来发现微小的缺陷。

（2）根据规定的"日常点检检查表"每天进行点检，发现异常后根据操作手册进行处理。

（3）自己修理不了时，立即通知制造厂家。

（4）运转时的异常现象全部要告知直接上级。

（三）故障修理

班组在使用设备时若遇到下列情况，须填写"修理委托书"或"维修报告书"，向设备维修部门提出修理要求。

（1）突然发生了事故时。

（2）日常点检发现了必须由维修人员排除的缺陷和故障时。

（3）定期检查发现了必须立即修理的故障时。

（4）由于设备状况不好，造成废品时。

第七章

有效控制班组成本

企业要想控制成本、节能降耗、提质增效，就应该重点抓好基层班组的成本管理。因为班组是生产企业的最基层管理单元，企业90%以上的生产制造成本都发生在班组。班组成本管理是企业成本管理最基础、最直接也是最有效的途径。

第一节　班组长与成本控制

班组长要想做好成本控制，必须了解什么是成本，自己在成本控制方面有哪些职责。只有对成本有了一定的认识，才能更好地实现对成本的控制。

一、成本有关基础知识

1. 生产成本的概念

企业为生产一定种类、一定数量的产品而发生的各种生产费用支出的总和，构成了产品的生产成本。

2. 班组成本的构成

所有在班组消耗的人力、物力、财力均是班组成本的组成部分，具体如图 7-1 所示。

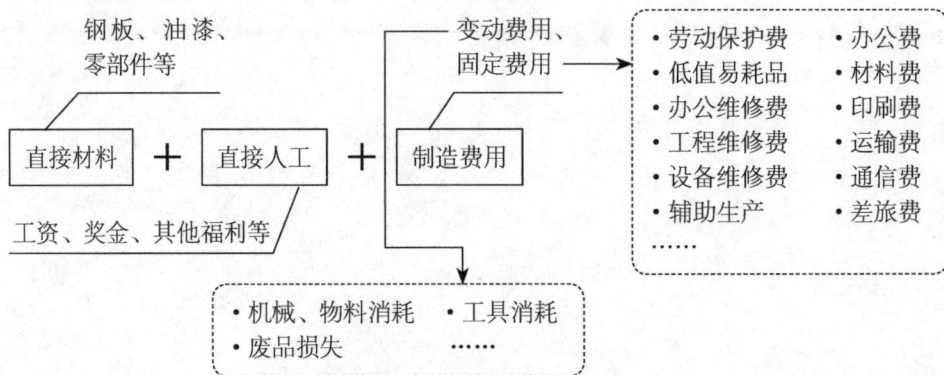

图 7-1　班组成本的构成

二、班组长在成本控制方面的职责

成本控制与每一个企业员工都相关，班组长更应关注生产成本，并要力求控制成本、开源节流。班组长成本管理工作内容如表7-1所示。

表7-1　班组长成本管理工作内容

两大方向	四项工作	班组长职责
控制浪费	掌握基础	（1）了解成本的概念 （2）了解企业产品的成本构成 （3）掌握班组成本构成的重点
	监督行为	（1）有发现生产中浪费现象的能力，掌握班组常见的浪费现象 （2）了解浪费与企业、班组及员工的关系
	指导方法	（1）指导直接材料的收、发、存及异常处理 （2）指导班组日常生产制造费用的业务处理 （3）掌握日常表格表单的填写 （4）掌握班组各项基础成本控制的工作方法
降本改善	管理改善	（1）掌握改善的途径 （2）了解改善的内容和方向 （3）掌握一定的改善方法，并带领和指导班组员工实施改善

第二节　班组物料的成本控制

一、控制物料领用与退库

生产班组必须按照生产计划、工作指派向物料管理部门或仓储部门领料；生产结束后，要将余料退回。这一领一退的环节若没有得到有效地控制，则容易造成物料成本的升高。

（一）物料领用

1. 认真核算

对于某一订单产品所需要领取的物料品种和数量，一定要根据物料清单（BOM）上的品名、规格、数量来认真计算，尤其是某一订单中不同产品用到同一种类物料时，更要进行认真仔细核算。

2.仔细检查

不管采取何种方式，在获得物料时，班组长都必须要确认以下事项。

（1）确认来料的名称、编码、规格是否与物料清单（或作业指导书、联络票、现品票、出库票）上的要求一致。

（2）确认物料数量是否有误，产品外包装是否有变形、破损等异常现象。

（3）确认来料是否已经 IQC 检验合格（必要时确认检验报告、合格印记）。

3.通过单据加以控制

领料单据不仅是领料的依据，还是进行物料控制的依据，是进行领料统计以及订单和产品的物料消耗统计的最原始凭证。填写领料单据时一定要注明所领物料的用途、订单编号等信息，这样领料的数量是否在所控制的指标之内便可一目了然。

表 7-2、表 7-3 是几种常用的领料单据，供大家参考。

表 7-2　发料单

制造单号：　　　　　　　　　　产品名称：　　　　　　　　　　编号：
生产批量：　　　　　　　　　　生产车间：□材料□半成品　　　日期：

物料编号	品名	规格	单位	单机用量	需求数量	标准损耗	实发数量	备注

生产领料员：　　　　　　　　　仓管员：　　　　　　　　　　PMC：
注：一式四联，即 PMC 联、货仓联、生产联、财务联。

表 7-3　限额领料单

编号：

领料部门		仓库	
日期	至	物品用途	
计划生产量		实际生产量	

（续表）

物品名称	物品编号	规格	单位	领用限额	调整后限额	实际耗用		
						数量	单价	金额
领料记录								
领料日期	请领数量	实发			退料			限额结余
		数量	发料人	领料人	数量	发料人	领料人	

计划部门：　　　　供应部门：　　　　仓管员：　　　　领料部门（人）：

（二）物料退库

物料退库的类别及要求如图 7-2 所示。

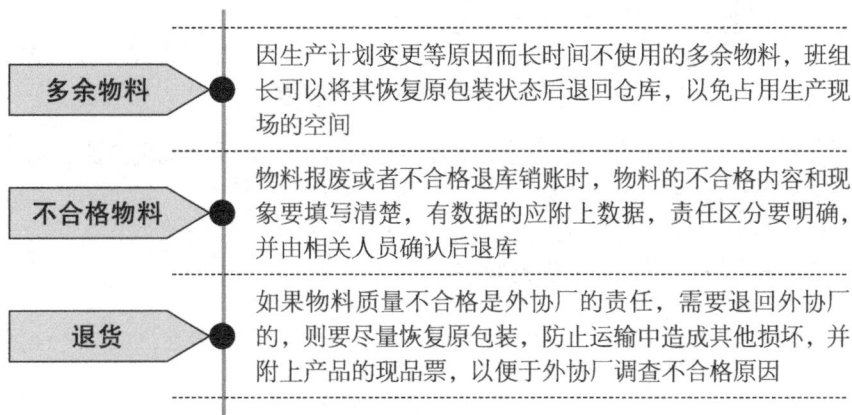

多余物料	因生产计划变更等原因而长时间不使用的多余物料，班组长可以将其恢复原包装状态后退回仓库，以免占用生产现场的空间
不合格物料	物料报废或者不合格退库销账时，物料的不合格内容和现象要填写清楚，有数据的应附上数据，责任区分要明确，并由相关人员确认后退库
退货	如果物料质量不合格是外协厂的责任，需要退回外协厂的，则要尽量恢复原包装，防止运输中造成其他损坏，并附上产品的现品票，以便于外协厂调查不合格原因

图 7-2 物料退库的类别及要求

二、物料现场放置的区分

物料从仓库领出来至生产之前，就摆放在生产现场。生产现场物料的放置非常重要，如果这项工作做不好，很容易造成混料，而合格物料与不合格物料若混在一起会影响后续加工过程中的产品质量，而若同一品种不同规格的物料放在一起（尤其是规格区分不大的情况下），则容易造成混装，如将 B 产品的零件装到 A 产品上，结果生产出不合格品，并导致成本难以控制等一系列问题。

（一）划分物料放置区域

现场物料放置区可划分为以下几块（见图 7-3），以有效地区分物料。

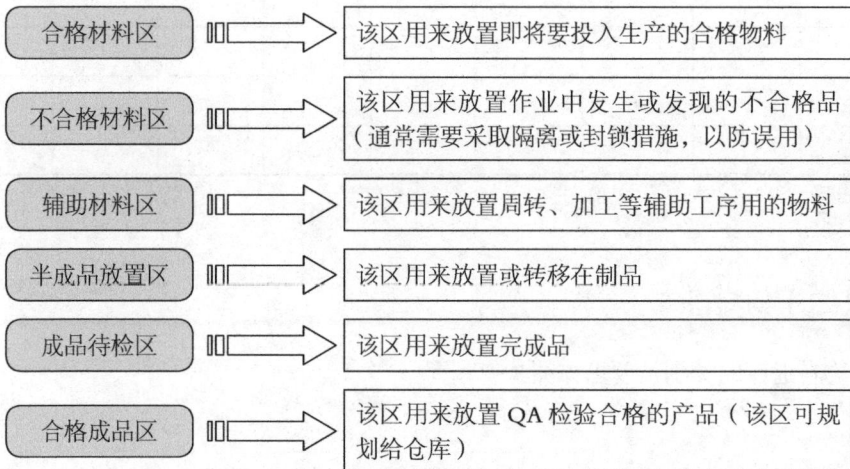

区域	说明
合格材料区	该区用来放置即将要投入生产的合格物料
不合格材料区	该区用来放置作业中发生或发现的不合格品（通常需要采取隔离或封锁措施，以防误用）
辅助材料区	该区用来放置周转、加工等辅助工序用的物料
半成品放置区	该区用来放置或转移在制品
成品待检区	该区用来放置完成品
合格成品区	该区用来放置 QA 检验合格的产品（该区可规划给仓库）

图 7-3　物料放置区域的划分

区与区之间应画线来区分，对于不合格材料区应另外采取隔离措施，同时在每个区域上方应悬挂或张贴区域名。

（二）按"三定"原则放置物料

现场物料放置要求与仓库的要求一样，要坚持"三定"原则，如图 7-4 所示。

定品	根据物料的特性要求确定放置环境和场所，如温度、湿度，防尘，防水，防震，防污染，防静电等要求
定位	确定物料的放置体位、状态和具体位置，确保放置合理、转移环节最少和取用方便
定量	确定存放物料的数量。配发的材料以满足半个工作日的生产用量为宜，不可太多或太少，领用材料时也应遵守这个原则

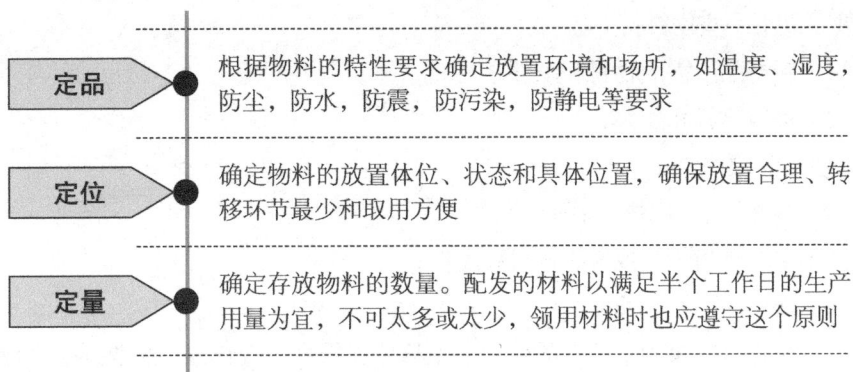

图 7-4　现场物料放置"三定"原则

三、了解物料利用情况

（一）物料利用率

物料的利用率直接反映物料的总体使用情况，可以通过物料利用率，对物料的使用过程进行判断与分析。物料的利用率高，使用过程就比较合理；物料的利用率低，使用过程就可能存在诸多问题。

（二）如何了解物料的利用状况

在班组管理中是通过作业状况评估或进行使用情况的抽查来间接了解物料的利用状况的。物料的利用状况其实可以从许多方面得到反映。

（1）班组员工是否反映或抱怨物料定额偏低。

（2）作业现场是否有较多的报废品或报废物料。

（3）是否有明显偏多的加工碎屑或余料。

（4）物料耗用的比例是否与完成的零部件比例大致相同。

四、监控物料的使用

（一）检查物料到位状况

物料是否能够及时到位，直接关系到生产的进行，班组长要对此给予特别关注。企业长时期内使用的物料一般都会有一定的库存，缺料的情况较少，不能按时到位的主要是以下一些物料：

（1）新产品所需的物料和配件；

（2）进口物料和配件；

（3）定做的配件；

（4）特殊要求的物料和配件；

（5）采购计划限定数量的物料和配件；

（6）贵重的物料和配件。

班组长进行物料到位状况的管理，不只要看报表、查计划，还要到生产现场去了解、去催促、去提醒：正在生产的产品有哪些物料未到，即将生产的产品物料是否已经到位或能够按时到位。班组长要在问题出现前先行发现并解决，以确保生产的顺利进行。

（二）监督物料使用方法

物料的使用方法直接影响物料的用量，不合理的动作、程序和手法会造成物料的超标准耗用。物料使用涉及的人员多、设备多、工具多，进行管理的工作量较大，所以一定要遵照正确的方法。班组长在现场监督要注意以下问题。

（1）有没有既定的操作方法？

（2）操作方法是什么？

（3）有多少人知道这一方法？

（三）控制物料浪费现象

班组长应不时对班组生产现场进行检查，以便及时发现物料的无效耗用现象。浪费有两个含义：其一，所用多于所当用；其二，所得少于所可得。前者是指生产某种产品所使用的物料超过了应该使用的量；后者是指一定的物料投入没有达到应有的效果。

物料浪费现象在企业的生产过程中总是时有发生，例如，加工错误造成的物料损坏、一次性购进几个月用不完的包装物料、保管不当造成物料变质损坏，等等，这些都是不同形式的物料浪费。物料浪费的原因如表7-4所示。

表7-4 物料浪费的原因

原因	现象
直接材料浪费	（1）加大用量 （2）可以使用次一级质量材料的地方却用了高一级质量的材料 （3）加工错误而改制或报废 （4）人为损坏 （5）丢失 （6）变质、过期
间接材料浪费	（1）因焊接点增加带来相关材料的浪费 （2）连接过多造成的连接键浪费 （3）多余功能造成的材料浪费 （4）工序问题造成的材料浪费 （5）设备问题造成的材料浪费 （6）设计或操作不合理使边角料增大 （7）因材料规格不符或产品自身特点使得材料的综合利用难以实现 （8）既定材料缺乏，采用了替代性材料而造成浪费
隐蔽的材料浪费	（1）零散采购材料，使采购成本增加 （2）大量囤积暂时不用的材料，使资金积压 （3）材料规格与产品型号不合 （4）过多制造暂时不需要的零部件或产品 （5）统计不准，超量生产 （6）半成品周转过慢；材料不能及时变成产品，成为有价商品

（四）监控物料质量

企业所采购的物料，虽然经过了入仓检查，但是否真正达到了要求，在使用过程中才能最后确认：有些物料表面看是好的，但里面已经变质；同一批采购的物料，有时内外质量不一；因抽检缺少代表性而出现较大偏差，问题物料的数量较多；存储过程中物料变质，等等。这些都是班组长在进行班组物料质量监控时所要了解的，具体可以从以下几方面入手。

（1）物料是否表里如一。

（2）物料的各个部位、各个侧面是否质量一致。

（3）物料质量是否与入仓检验时一致。

（4）物料有无人为或自然损坏。

（5）物料质量是否与生产的产品所要求的质量一致。

（6）该质量的物料，是否在加工时增加了工作量，造成工时的浪费而使总制造费用上升。

（7）该质量的物料是否利用率下降而使得总物料成本上升。

（8）该质量的物料是否能实现产品的使用功能。

五、做好物料台面管理

对于物料台面摆放，应首先查看生产现场是否有以下现象。

（1）大多数工序的作业台只利用了平面空间，未利用立体空间。

（2）物料几乎堆满了整个作业台。

（3）装载托盒不合理，要么"大材小用"，要么"小材大用"。

（4）多人挤用一张作业台，作业人员利用身前身后的空间，到处存放物料。

（5）作业人员自己制作了各种装载托盒，放在作业台上。

（6）地面上不时可以看到从台面跌落的各种小零件。

（7）合格品与不合格品全都放在台面上，除了作业人员自己之外，其他人无法区分。

对以上这些现象，许多班组长都不以为然，反而觉得很正常，认为作业台如果不是用来放东西的，还能用来干什么呢？

其实，作业台可以说是生产产品的主战场，是现场中的现场！真正意义上的生产活动都是在这里进行的，产品的质量、成本、交货期都要在这里通过作业人员的手，一步步变为现实。所以班组长对作业台物料的摆放一定要进行管理。

（一）外包装不能直接上作业台

作业台本身就不大，只适合放上一些物料、夹具、小型设备。若把物料连同外包装，如纸箱、木箱、发泡盒、吸塑箱等，一起放上台面的话，不仅占地大，而且极容易产生各种粉尘。

（二）托盒、托台要合适

（1）选定合适的托盒、托台，将物料摆放在托盒或支架上，大件物料用大的，小件物料用小的。

（2）托盒、托台力求稳定化。托盒彼此之间相互串联，可有效增加取拿时的稳定性，也能节省台面空间。

（3）托盒、托台可视化。可在标贴纸上写清物料的品名、编号，然后贴在托盒、托台上，以便于其他人确认。

（4）充分利用斜托板摆放物料托盒。

斜托板的使用是梯形摆放的进一步延伸，尤其是细小的又要单个摆放的零部件，使用斜托板摆放后，可大大提高取拿效率。

（三）控制好物料投放

应分时段等量投入物料。不要一次全部投入当日所需全部物料，使得台面物料过多，无处摆放。

（四）物料摆放整齐

（1）两种大小不同的物料一起摆放时，小件的物料靠手跟前摆放，大件的放在外侧；取拿次数多的靠手跟前摆放，取拿次数少的放在外侧。

（2）相似的物料不要摆放在一起。尤其是外观上较难区分的物料，一起摆放的话极易用错，尽可能在工序编排时就将它们错开。

（3）物料呈扇形摆放，可营造阶梯空间。扇形摆放，符合人体手臂最佳移动的范围，来回取拿时，不易产生疲劳。

（五）及时清理台面

及时清理暂时摆放在台面上的不合格物料，不让不合格物料在作业台面上过夜。

（六）即时清理堆积

堆积不仅使台面开始混乱，同时也是造成作业不合格的主要原因之一。当堆积达到一定数量之后，要随时调整。

六、上线物料的保管与控制

企业生产过程中所需各种物料，一般都是按生产计划领用的。由于生产线上没有物料库房，物料领回后，有的一时不能用完，但又无正规保管场所，因此很容易造成腐蚀变质、丢失损坏。为此，班组长必须切实搞好物料的临时收藏和保管工作。

（一）上线物料保管要求

（1）凡领用的贵重物料、小物料，必须在室内规划出合适的地方放置，并加锁保管，按定额发放使用。

（2）凡领用的机器设备、钢材、木材等大宗物料，若暂时存放在生产现场，必须堆放整齐，下垫上盖，并由专人负责。

（3）上线加工必须做到工完料净，把剩余的物料全部回收，登记入账，留作备用。

（二）上线物料控制措施

（1）按生产进度及时供料，项目工程按"单项、工程配料卡片"配拨。生产完成后，做到供料、退料手续齐全，账目清楚。

（2）班组加工剩余的物料应及时清理退库，或办理假退料手续，不得形成账外料。

（3）仓管员工作要做到日清、月结、季盘存，账、卡、物、资金四对口，按规定准确上报各种物料统计报表。

（4）严格工具管理，建立班组、个人工具卡片，按工具配备标准，执行交旧领新制度；对丢失或责任性损坏的工具，应按规定赔偿；对公用工具按借用制度执行；在用工具每季应与财务部门核对相符。

（5）劳保用品管理，必须建卡立账，按规定的标准范围发放。

（6）组织回收废旧料，落实生产线"修旧利废"计划，按月公布班组"修旧利废"节约成果。对不能修复利用的废旧料要及时上交。

（7）管好基础资料。各种原始记录、账本、单据、定额和计划统计资料，要做到图表齐全、准确，手续完备，装订规范化，保管完好。

（8）定期组织物料盘点。

七、不用材料的封存

不用材料是指由于生产要素的制约或突变，本次生产活动结束后，仍无法全部使用完毕的材料。呆料、旧料都可认为是不用材料。

现在的企业的生产模式多为少批量多品种生产模式。在同一条生产线上，不同机种来回切换生产的现象频繁。每一次生产活动结束后，所领的物料很难刚好全部用完，即使一开始采购的是完整的配套材料，也会不是这个多了点，就是那个少了点。

（一）不用材料产生的原因

不用材料产生的原因通常有以下几点，如表 7-5 所示。

表 7-5　不用材料产生的原因

序号	原因类别	原因细节
1	设计上的原因	（1）设计失误。正式生产后才发现错误所在，重新设计后，前一个旧版本的材料来不及处理掉，堆积在制造现场 （2）设计变更。若是自然切换，可以混入使用最好；但若要完全更换，则旧材料完全不能用，于是被积压下来
2	生产销售计划上的原因	（1）计划变化快，一条生产线上什么都做，临时更换产品 （2）客户突然取消订单，生产、出货计划被迫紧急变更，制造应对措手不及，处于生产途中的材料无处可去，形成积压 （3）生产要素突生变故，生产能力波动巨大，一会多用，一会少用。如设备发生故障，一时半会无法动弹，预定投料无法进行；某个材料消耗量偏离计划，而其他材料无法与之配套等
3	采购上的原因	（1）没有严格按生产计划进行采购，绝大多数情况下是买多不买少 （2）供应商没有严格控制实际包装数量，"合格证"上的记录与实数相差较大，扰乱了配套生产计划的实施

（二）持有现场不用材料的坏处

1. 容易造成相互串用和丢失

每一次机种切换，都会涉及生产要素再设置的问题。对前一机种用剩的材料，若不及时在各工序上回收保管，作业人员会把它摆放在自己认为不会出错的地方，有的还会画上只有自己才明白的标记。如果隔几天，该作业人员因故缺席的话，顶位人员就有可能误用材料，尤其是外观上极其相似的材料，从而造成大批的不合格品。

2. 管理成本增大

材料多出一个放置地点，就等于多出一个搬运环节，就要多分出一份精力去管理。

3. 浪费生产现场空间

现场作业空间本身就很有限，如果什么材料都垒在现场的话，那么现场必定杂乱不堪，同时由于现场不恰当地担负起了仓管职能，从而妨碍了搬运的畅顺。

因此，不用材料不应该长时间摆放在生产工序上，它会分散现场管理力量，还有可能导致不合格的发生。

（三）应对措施

1. 设置暂时存放区

对同一生产线（机台）来说，如果几个机种在很短时间内需要来回切换，剩余的材料不停地在仓库与生产现场之间进进出出，搬运成本反而会居高不下。这时不妨在现场划出一块区域，做上明显标识，将所有暂时不用的材料，封存好后移到该处。具体做法如下。

（1）只有小日程计划生产的材料才可以在暂时存放区摆放。

（2）虽然小日程计划里要使用，但是数量多、体积庞大，或者是保管条件复杂的材料，则应该退回材料仓库进行管理。

（3）不管是现场保管还是退回仓库，都必须保证材料质量不会发生劣化。

（4）中日程或是大日程计划里才使用的材料应该退回仓库进行管理。

2. 机种切换前材料全部"清场"

从第一个生产工序开始回收所有剩下的材料，包括合格品和不合格品。点清数量后，放入原先的包装中，用标贴纸加以注明，然后拿到"暂时存放区"摆放。若不合格品不能及时清退时，合格品与不合格品要分开包装，不合格品还得多加一道标识。材料"清场"要注意以下事项。

（1）要特别留意修理工序上的备用剩余材料，如不仔细追问，修理人员不会主动上交这些材料。

（2）是否有短暂外借给其他部门的材料，如有，要设法尽快追回或约定返还日期。

（3）有无跌落在地面上的小材料，或是停留在设备夹缝里的材料。

（4）在旧材料"清场"的同时不要派发新材料，除非相关作业人员已经十分熟练。

（5）如有残留在机器内部的材料，必须彻底排出。

3. 其他要求

需要暂时存放的材料同样也要遵守"先来先用、状态良好、数量精确"三个原则。

（1）用原包装再封存起来。如果原包装破损，可以用保鲜薄膜或自封胶袋处理。总之，要采取防潮、防虫、防尘等措施。

（2）要留意材料有无保质期限要求，若有，则要考虑有无暂存的必要。

（3）如有可能，机种切换后，前一机种的不合格品要立即清退给前工序。

（4）暂时存放的各种标识要确保显眼。

（5）下次生产需要时，要优先使用"暂时存放区"里的材料。

（6）封存后的材料也要定时巡查，以防出现问题。

八、边角余料要妥善运用

（一）何谓边角余料

边角余料是某种产品生产加工过程中所产生的，不能为该产品所使用的较小的剩余物料。这些物料或者可以用在其他产品生产上，或者可能毫无用途。作为班组长，不能寄希望于以后的回收利用上，而应该将解决问题的重点放在如何使边角余料降到最少。

（二）解决办法

班组长应该对边角余料进行严格检查，对于数量过多、规格过大的边角余料应该立即查明原因并进行解决。边角余料过大过多的原因有以下两种。

（1）人为因素。员工的作业方法不正确、员工对作业方法不了解、员工责任心不强。

（2）客观因素。技术水平局限、大的边角余料有利于再利用、产品质量要求高、物料质量差、物料规格不合适、设备问题等。

班组长对这些原因应有所了解，能自己解决的尽量自己解决，不能自己解决的要尽快向上级反映，或向其他部门寻求解决办法。

九、物料挪用及替代情况

（一）何谓挪用与替代

当生产过程中所需要的物料无法及时供应时，就会出现物料的挪用和替代。

物料的挪用是将生产某产品的物料或该产品的计划物料，用于其他产品的生产。"挪用"中使用的物料是相同的物料，当用不同的物料代替原有物料时，就叫作"替代"。

（二）物料替代管理

决定是否替代时要考虑以下问题。

1. 所选替代物料的质量与所需物料有何不同

如果替代物料的质量比原来的物料质量差，会不会影响产品的质量；如果替代物料的质量比原来的物料好，会不会造成产品成本上升，而使利润降低。

2. 有没有替代的必要性

如果存在以下问题，那么就要考虑有没有使用替代物料的必要。

（1）该产品是否可以停止生产？

（2）是否可以等待物料到位后再生产？

（3）是否应该考虑重新进行产品设计以回避该类物料？

（4）是否可考虑由客户提供物料？

3. 替代后会不会对其他产品造成影响

如果替代物料是从厂外购进的，当然不会存在这个问题，但如果替代物料是厂内其他产品生产所用的，就要考虑会不会对原产品的生产带来影响，造成恶性循环。

4. 替代物料规格的影响

替代物料的规格如果和原来的物料相差甚远，有可能会造成利用率的下降。

（三）替代新物料使用情况检查

新物料投入使用之后，质量如何、利用率怎样、是否适合加工制作，都应该纳入班组长的巡视内容。班组长进行新物料使用情况的检查时，应注意了解以下问题。

（1）新物料的性能是否稳定、是否适合产品生产的需要。

（2）新物料利用率如何，成本是否在可控范围内。

（3）新物料的供应情况如何。

（4）新物料是否是最佳的选择，还有没有更好的物料可以使用。

十、线上物料质量问题的处理

在生产线上发现物料质量问题的通常是作业人员和 PQC 人员，不同的人员发现的问题不太一样，处理方式也不一样。

（一）作业人员发现的质量问题

1.材料处理

作业人员发现的通常都是比较容易发现的问题，如外观不洁、装配不上、装配不方便、颜色差异等；这些问题又可以分为可拆分部件和不可拆分部件两种，如图 7-5 所示。

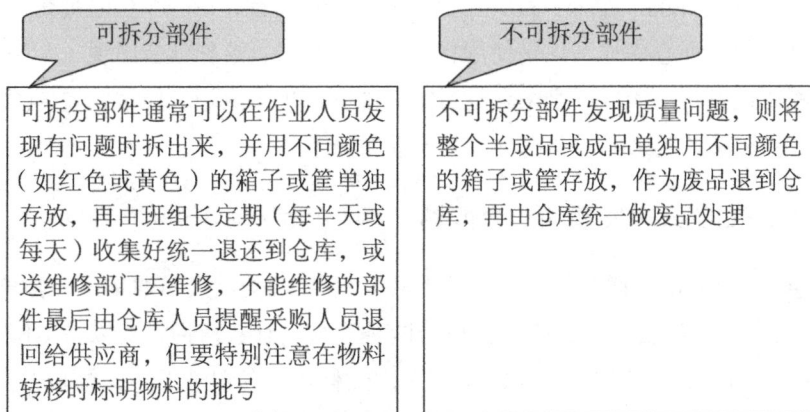

可拆分部件	不可拆分部件
可拆分部件通常可以在作业人员发现有问题时拆出来，并用不同颜色（如红色或黄色）的箱子或筐单独存放，再由班组长定期（每半天或每天）收集好统一退还到仓库，或送维修部门去维修，不能维修的部件最后由仓库人员提醒采购人员退回给供应商，但要特别注意在物料转移时标明物料的批号	不可拆分部件发现质量问题，则将整个半成品或成品单独用不同颜色的箱子或筐存放，作为废品退到仓库，再由仓库统一做废品处理

图 7-5　材料处理的分类

2.数据处理

物料质量问题数据通常由班组长定期（每半天或每天）统计。如果是确定有质量问题的原料，可交给此原料检验对应的 IQC 人员，也可交给 PQC 主管或 IQC 主管；如果不能分清具体是什么原料造成的质量问题，则将不合格品的样本和数量一并交给 PQC 主管，由 PQC 主管负责查清原因。PQC 主管手中的数据分析完成之后，必须交由 IQC 主管记录，并记录到该供应商的交货质量记录中。在各个移交过程中，一般都要有书面记录，但这种记录相对较少，使用"内部联络单"（见表 7-6）记录即可。

表 7-6 ××公司内部联络单

日期： 年 月 日

发件单位		收件单位		收件人签字：
发件人		收件人		
联络事项：				

但是一个仓库的一个来料批，可能对应多个检验批，每一个检验批是一种型号规格的原材料，而仓库通常只是使用自身的来料批号，这样就会出现一个来料批号多个领料单的情况。所以一个来料批号很可能会出现多次记录质量问题的内部联络单，因此在分析此类来料不合格时，必须累加计算。

（二）PQC 人员发现的质量问题

PQC 人员发现的通常都是较专业的质量问题。PQC 人员通常定时抽样检验。PQC 人员抽样的数据分计数值和计量值两种类型，计数值通常可以按 GB2828.1-2003 抽样计划，每 2 小时或 4 小时抽取一定的样本，并记录下缺点数和不合格数，这样比较容易直接分析原因；而计量值则通常按 GB6378 或 MIL-STD-414 抽样计划，每 2～4 小时抽样 1 个或抽样 3 至 20 个样本，然后记录下具体的数值，这样做无法立即分析数据，需要经过计算并转换成图形再进行分析。

PQC 人员对各种问题分析后，还会做出判定，以确定是否需要返工或全检。PQC 人员手中的不合格品或不合格原材料，通常为了物料成本及效率问题，会退还给生产班组长统一处理，其处理方式同前述作业人员发现质量问题时的处理方式。但也可以由 PQC 人员直接分析原材料的不合格数据，通过 PQC 主管交给 IQC 主管去记录供应商的质量状况。

十一、产品扫尾时物料的及时处理

（一）产品扫尾管理过程

产品扫尾管理过程如图 7-6 所示。

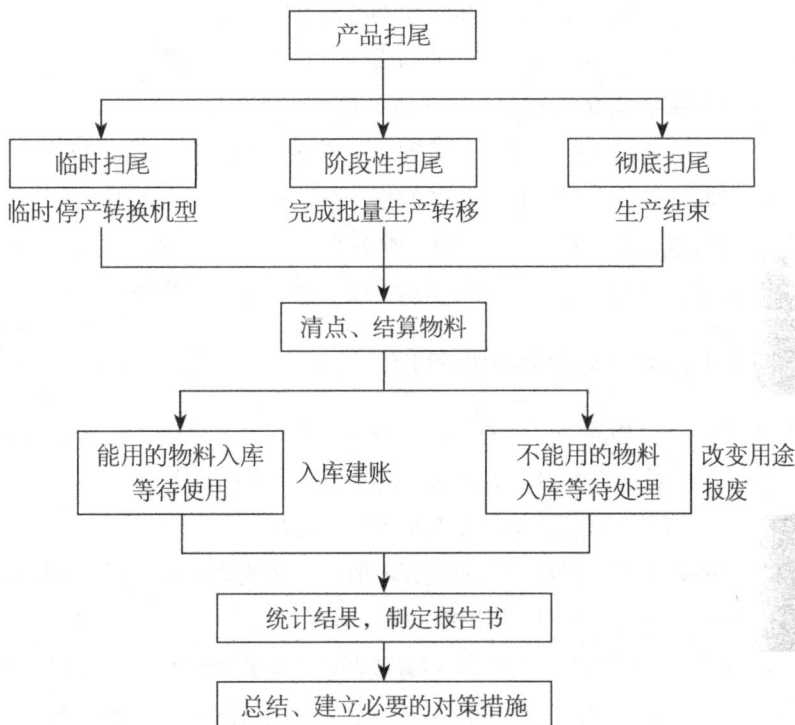

图 7-6　产品扫尾管理过程

（二）转换生产机种的扫尾管理

转换生产机种的物料处理主要由生产班组负责，必要时可要求物料部进行配合，具体方法如下。

（1）生产班组负责实施物料的撤除和清点等工作。

（2）对于剩余在生产线的量比较多的物料，生产班组可以申请入库管理。

（3）物料部把申请入库的物料放置在机动区，待下次生产时优先发出。

（4）转换生产机种扫尾申请入库的物料一般不实施入账管理。

（5）对于产生的不合格品同样实施入库，按不合格品管理。

（三）完成批量生产的扫尾管理

生产中每完成一个订单的批量生产时，需要进行物料的扫尾工作，这个工作由物料部和生产班组合作进行，具体方法如下。

（1）生产班组负责实施该批量全部物料的撤除和清点等工作。

（2）所有剩余在生产线的物料要列成清单，按剩余物料申请入库管理。

（3）物料部通知 IQC 检验申请入库的物料。

（4）检验合格的物料实施入库管理，不合格物料按不合格品处理。

（5）物料部统计该批量生产物料的损耗情况，并制定报告书。

（6）完成批量生产扫尾申请入库的物料要实施入账管理。

（7）对于完制的不合格品同样实施入库，按不合格品管理。

（四）产品生产结束的扫尾管理

产品生产结束指的是已没有生产计划或订单，并且在今后比较长的时间内不会再生产的产品。对这类产品要实施彻底扫尾，具体方法如下。

（1）生产班组负责实施该产品全部物料的撤除和清点等工作。

（2）所有剩余在生产线的物料要列成清单，按剩余物料申请入库管理。

（3）物料部通知 IQC 检验申请入库的物料。

（4）IQC 检验。检验合格的物料分成两类：通用物料和专用物料。将通用类物料进行入库管理，入账后等待重新使用。专用类物料入库后放置在机动区保管，如果保管一年后还没有用场的话对其实施报废处理。IQC 检验不合格的物料入库后按不合格品管理。

（5）物料部统计该产品生产物料的损耗情况，并制定报告书。

十二、生产中剩余物料的及时处理

（一）生产中剩余物料产生的原因

生产中的剩余物料是指因工作失误、改进工艺、发生设计更改和计划改变等情况而导致的，在预定的计划期内无法再使用的物料。由于这些物料是现实存在的，但是已经基本确定暂不会被使用了，所以，从降低库存成本的角度出发，班组长要尽快处理掉它们。通常，以下情况下会产生剩余材料。

（1）错误采购的物料。

（2）在采购实施后、生产开始前，因发生设计变更而导致不用的物料。

（3）供应商随批量供货附加的损耗物料。

（4）设计用量偏大而实际使用不了所多出的物料。

（5）采购部门为预防物料损耗或为了价格更优惠而多采购的物料。

（6）生产部门因改进工艺、提高技术而节约的物料。

（7）因取消出货而积压的产品。

（8）因取消出货计划而停止生产后所积压的物料。

从上述原因可以看出，生产中的剩余物料既有因非正常因素产生的，也有因正常因素产生的。因此，生产中产生剩余物料是不可避免的。

（二）剩余物料的处理方法

剩余物料也是花钱买来的，因此，班组长首先要想办法利用它。

1. 常用处理方法

通常班组长利用剩余物料的方法有：

（1）凡是型号、规格相同的剩余物料可以申请按通用物料互用；

（2）凡是型号、规格相近的剩余物料可以申请按特采物料使用；

（3）凡是使用不了的物料应首先考虑能否退返给供应商；

（4）凡是没法处理的、比较贵重的物料，要在保管一段时间后再看有无使用的机会。

2. 按废品处理

实在找不到使用机会的剩余物料按废品处理，这些物料是：

（1）因保质期、场地等因素限制，不宜继续保管的物料；

（2）没办法处理的一般物料，在预见的时期内也不会用到；

（3）已经保管一段时间后仍然找不到使用机会的比较贵重的物料。

十三、严格管理辅助物料

辅助物料又称为"副料"或"副资材"，指在生产中不构成产品的主要实体，却又必不可少的辅助性消耗物料，如油脂、胶水、手套、封箱胶纸等。零部件量的多少大家通常很清楚，但是辅助物料有哪些，用量多少却没有几个人清楚。然而，辅助物料的管理不可忽视，一旦短缺或者变质，后果也十分严重，因此，班组长作为现场最直接的管理人员，一定要做好辅助物料的管理。

（一）辅助物料的存量控制

辅助物料大多数都能从市面上直接采购回来，方便又快捷，所以不必大量库存，以免增加管理负担。但是，一些比较专门的物料，需要进口或者从特殊渠道采购的物料，如设备专用油脂、无水乙醇等，则需要根据使用量和采购周期设定安全库存，防止短缺。

（二）辅助物料的库存管理

辅助物料的库存管理方法有表7-7所示的几种。

表7-7　辅助物料的库存管理方法

序号	管理方法	具体说明
1	安全库存警示	因为辅助物料几乎人人都会用到，出现短缺往往会影响生产，所以设定安全库存是必要的，这样可以及时通知采购人员采购。库存警示的方法有很多，包括警戒线、提醒牌、报警装置等，可根据实际情况确定
2	合适的存放方法和场所	根据物料的不同特性决定不同的存放方法和场所：易燃易爆品存放在专门仓库；纸张类在干燥的环境里存放；试剂溶液有的要存放于蔽光的低温环境中，等等
3	确定保管期限	采购部有时为了省事或价格优惠，会大量订购辅助物料。有的辅助物料（如胶水、密封圈等）会随着储存时间变长而变质，用在产品上会引起质量问题，所以对于某些辅助物料也要与零部件一样管理，控制好库存时间

（三）辅助物料的使用管理

1.使用量控制

班组长要想管理好这类物料，首先一定要清楚其使用量：哪些产品在用它，台用量多少，月用量多少，这些都要清清楚楚，并尽量反映在台账中。

2. 厉行节约

即使是辅助物料，使用时也不能毫无节制。班组长可以根据用量定额发放或者采取以旧换新的方法，防止浪费；对于一些影响环境保护的物品（如电池、氰化物容器），还要做好回收工作。

3. 简化领用手续

严格管理辅助物料，防止浪费是应该的，但是一定要方便生产现场的工作。不能领一双手套要填申请单，然后分别由组长、主管、部门经理和仓库管理人员签字，才可以领到，这个过程既耽误了生产，又付出了远远不止十双手套的管理成本，结果得不偿失。不妨采用"柜台领取"或"送货上门"的方式，做到"管理"与"方便"兼顾。

十四、在线物料盘点作业

生产线的盘点工作相当重要，而盘点工作通常由生产班组执行。若不能做好生产线的盘点工作，则势必影响物料管理的最终成效。生产线盘点彻底推行必须经历以下步骤。

（一）事先充分准备

生产线盘点工作需要充分的准备，否则盘点工作难以顺利推行。生产线盘点工作的事先准备工作大致如下。

（1）了解各工作站半成品的零件结构。各工作站的零件结构是生产线盘点最基本的资料，这种资料必须详尽又确实，在平时就要做好。

（2）盘点日的决定。

（3）盘点人员的遴选。盘点人员由生产现场班组的作业人员担任。但并非所有作业人员都参加盘点的工作。为避免人多手杂，降低盘点效率，班组长最好从生产线作业人员当中慎选数名"做事细心、工作热诚、积极负责"的员工来执行生产线盘点工作。

（4）生产线盘点程序的规划。

（二）人员培训

为使生产线盘点工作顺利进行，班组长应对参加盘点的班组人员进行必要的培训，内容如下。

（1）对盘点人员与复盘人员进行组织与工作分配。

（2）对盘点人员与复盘人员进行短期培训，使每一位参与人员都熟悉生产线盘点程序，保证在生产线盘点中彻底了解并完成分配的工作与任务。

（3）对盘点人员与复盘人员进行短期"认识物料、零件"的培训。

（三）退料

配合生产线的盘点工作，生产线的退料工作必须做得彻底。在盘点之前，生产线必须做好生产线的退料工作。生产线的退料对象包括下列几项。

（1）规格不符的物料。

（2）超发的物料。

（3）不合格的物料。

（4）呆、废料。

（5）不合格半成品。

生产线退料工作在平时就要进行，如果盘点来临才进行退料，就会使工作更加繁杂而不易进行。生产线退料工作必须进行得彻底，生产线所属工作场所（例如生产线上下、附近，工作桌抽屉、通风管等）均应彻底退料。

（四）盘点

生产线盘点工作步骤如下。

（1）班组长事先将盘点工作准备好。

（2）班组长下令生产线停工后，必须领导和监督各工作站作业人员将手头工作物完成，否则不准作业人员离开。

（3）待所有作业人员将手头工作物完成，令作业人员将所属零件、半成品摆放整齐醒目，之后留下盘点人员，其余作业人员离开生产线。

（4）依生产线盘点程序进行盘点工作。先将各工作站的零件收集移至第一站之前，并分类摆好。

（5）对照"生产线盘点单"进行生产线盘点工作，对零件及各站的半成品彻底进行盘点。

（6）盘点后，会同复盘人员再盘点一次。若发生误差，即刻请监盘人员进行核实。

（7）盘点完毕，将所有生产线盘点单送至生产主管，任何一张生产线盘点单都不能缺少。

第三节　消除班组中的浪费

一、班组生产中常见的浪费现象

（一）超量生产造成的无效劳动

生产超额完成任务、过多的制造和提前生产，常被认为是好事，其实这也是某种浪费，会导致生产过剩的成品、在制品堆满生产现场和仓库，增加储存、搬运成本和资金、利息支出。而且，由于有了储备，还掩盖了生产过程的许多矛盾，养成了懒散的管理作风。超量生产造成的无效劳动主要包括以下六个方面，具体如图 7-7 所示。

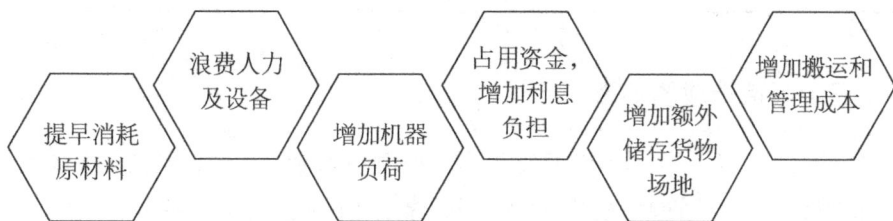

提早消耗原材料　浪费人力及设备　增加机器负荷　占用资金，增加利息负担　增加额外储存货物场地　增加搬运和管理成本

图 7-7　超量生产造成的无效劳动

（二）库存过多造成的浪费

不少企业认为库存是必要的，多一点储存多一点保险。但同时，企业又发现资金都积压在原材料、在制品和成品上，企业的利润有相当一部分被贷款利息抵消了。由于库存过久，物料还会产生锈蚀变质，在加工或装配之前，还得花费很多时间去修整。库存的在制品和库存物资需要很多人去清点、整理、整顿……这种浪费隐藏在企业的每个角落，具体如表 7-8 所示。

表 7-8　库存过多造成的浪费

序号	浪费表现	具体说明
1	产生不必要的搬运、堆积、放置、防护处理、找寻等	当库存增加时，搬运量也会随之增加，还需要增加堆积和放置的场所，增加防护措施，日常管理和领用时需要增加额外时间，甚至盘点的时间都要增加，这些都是浪费
2	使先进先出的作业困难	当库存增加时，以铜管为例，新入厂的铜管压在原来的铜管上，先入库的要想优先使用，就必须进行额外的搬运。如果为省事，先使用新入厂的铜管，原来的铜管长期放置会带来质量等一系列问题
3	损失利息及管理费用	当库存增加时，用于生产经营活动的资金会大量沉淀在库存上，不仅造成资金总额增大，还会增加利息和库房的管理费用。而这些常常隐含在企业的管理费用中，只有专门列出，才能看到问题的严重性
4	物品的价值会降低，变成呆滞品	当库存增加时，库存量会大于使用量，甚至会造成长期的积压，特别是当产品换型时，这种问题可能会变得更加严重
5	占用厂房空间，造成多余的工场、仓库建设投资浪费	当库存增加时，就需要额外增加放置场所。某工厂由于钢材等的增多，不得已新增了材料置场，新增加了投资，却没带来效益

（三）等待造成的浪费

等待就是坐等下一个动作的来临，这种时间的浪费是毋庸置疑的。造成等待的原因通常有：作业不平衡、安排作业不当、停工待料、质量不合格等。

以制造部性能试验室等待电控盘为例，由于电控盘不能按要求及时入厂，有可能无法按期交货；而当电控盘入厂后，又需要抢进度，可能会产生加班、出现质量问题等。

还有一种是"监视机器"的浪费，有些工厂买了一些速度快、价格高的自动化机器，为了使其能正常运转或其他原因，如排除小故障、补充材料等，通常还会另外安排人员站在旁边监视。虽然是自动设备，但仍需人员在旁照顾，形成"闲视"浪费；又如在产品检测过程中，调试人员和核检人员站在产品旁边等待。

由于劳动分工过细，生产人员只管生产操作，设备坏了要找修理工，检查质量要找检验工，更换模具要找调整工，这些停机找人的等待都是浪费。在生产上，机床操作、设备维修等期间，那些非直接生产人员也都在"等待"。

（四）搬运造成的浪费

搬运在工厂里是必要的，但搬运不产生任何附加价值。有些工厂由于平面布置、搬运工作组织不合理，造成搬运路线过长，中转环节过多，不仅增加了搬运费用，还会造成物体搬运中的损坏和丢失，这些都是浪费。

（五）动作上的浪费

工位布置不合理，使用工具和操作方法不得当，都会造成动作上的浪费。一个作业人员的劳动可以分成三个部分。

一是纯作业，即创造附加价值的作业。

二是无附加价值但又必需的作业，如装卸作业和搬运作业。

三是无效劳动，即作业中毫无必要的劳动动作。美国工程师协会统计，纯作业仅占加工作业的 5%，其他两项作业占 95%，可见动作中的浪费比重之大。

二、运用 3U MEMO 法找出浪费

发现存在于工作现场的 3U，即不合理（Unreasonable）、不平衡（Unbalanced）、不经济（Unthrifty），将这些问题显在化，这便是 3U MEMO 法。

（一）3U MEMO 法的目的

让监督人员仔细观察自己的工作现场，培养洞察力，作为作业改善的着眼点。

（二）3U MEMO 法的运用方法

（1）发现问题（不合理、不平衡、不经济）时就进行记录。

（2）即使没有改善方案也要养成记录的习惯。

（3）有答案时将结果填入 3U MEMO 表里。

（三）3U MEMO 法的应用范围

（1）将 3U MEMO 法的结果当作改善提案提出。

（2）将 3U MEMO 法作为改善提案的附件。

（3）将 3U MEMO 法用于组织制度等的改善活动。

（4）将 3U MEMO 法活用于 QC 小组活动。

（5）将 3U MEMO 法作为技术信息搜集的横向发展。

（四）3U MEMO 表的填写

运用 3U MEMO 法填写问题点时，应利用 5W1H，掌握定量的实际情形并记录，如表 7-9 所示。

表 7-9　3U MEMO

部门			姓名	
作业内容				
要点	工序		□ 1. 不合理 □ 2. 不平衡 □ 3. 不经济	
日期 （略图）		问题点		
解决方案		实施日期 （简图）		
说明事项	成果	与提案的关系		
	金额			

（五）通过 3U MEMO 法实施改善手法

（1）观察 5W1H 的相关事项，即何事（What）、为何（Why）、何处（Where）、何时（When）、何人（Who），以及何种方法（How）。

（2）找出人、设备、材料等的 3U 问题，如表 7-10 所示。

表 7-10　3U 检查表

检查对象 / 检查效果	作业人员	设备	材料
不合理	（1）作业人员是否太少 （2）人员的调配是否适当 （3）能否工作得更舒服一点 （4）能否更为清闲一点 （5）作业姿势是否合理 （6）作业处理方法有无勉强之处	（1）机械的能力是否良好 （2）机械的精度是否良好 （3）计量器具的精度是否良好	（1）材质、强度是否有勉强之处 （2）是否有难以加工之处 （3）交货期是否有勉强之处
不平衡	（1）忙与闲的不均情形如何 （2）工作量的不均情形如何 （3）员工的个人差异是否很大 （4）动作的联系是否顺利，有无相互等待的情形	（1）工程的负荷是否均衡 （2）是否有等待、空闲的时间 （3）生产线是否平衡，有无不平衡的情形	（1）材质有无不均的现象 （2）外形有无发生歪曲的现象 （3）材料是否能充分地供应 （4）尺寸、精度的误差是否在允许的范围之内
不经济	（1）有无等待现象 （2）作业空暇是否太多 （3）是否有不必要的移动 （4）工作程序是否良好 （5）人员配置是否适当	（1）机械的转动状态如何 （2）钻模是否妥善地被使用 （3）机械的加工能力（大小、精度）有无浪费之处 （4）是否进行自动化、省力化改善 （5）平均转动率是否适当	（1）废料是否能加以利用 （2）材料是否剩余很多 （3）修正的程度如何 （4）有无再度涂饰

三、改善现场和消除浪费

班组长在找到浪费的问题点后，要运用 IE 手法、QC 手法等与班组员工共同商讨对策并实施。

（一）IE 手法

IE 是英文 Industrial Engineering（工业工程）的首字母缩写。

IE 手法包括方法研究（程序分析、动作分析）、作业测定、布置研究、生产线平衡等。在现场 IE 里，IE 七大手法包括程序分析、动作分析、搬运分析、动作经济原则、作业测定、布置研究和生产线平衡。

（二）QC 手法

QC 老七大手法包括：检查表、层别法（分层法）、排列图（柏拉图）、直方图、鱼骨图（因果图）、控制图（管制图）和散布图。

QC 新七大手法指的是：关系图法、KJ 法、系统图法、矩阵图法、矩阵数据分析法、PDPC 法和网络图法。

第八章

打造零事故班组

　　安全是生产的基石，零事故安全管理就是真正将"安全第一"落实到执行层面。没有安全保障，生产就不能顺利进行，因此，班组必须将安全生产放在第一位，要时时刻刻将员工的生命安全放在首要位置。

第一节　生产事故发生的原因

一、安全的"多米诺骨牌"

作业安全研究专家海因里希以五个骨牌为例，来说明生产事故发生的原理，如图 8-1 所示。

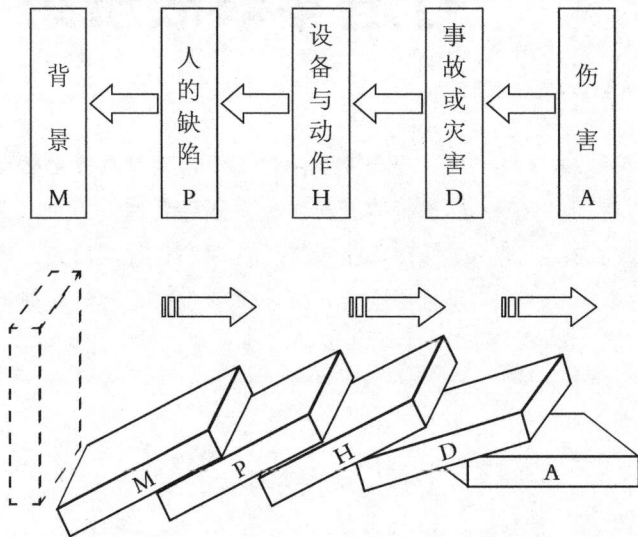

图 8-1　生产事故发生的多米诺骨牌现象

第一个骨牌是"背景"要因，人原本就有自己的生活环境、生活习惯、居住与工作的条件。第二个要因"人的缺陷"之所以会发生，是受个人的背景、条件影响所产生的结果。

第二个骨牌是"人的缺陷"要因，人的缺陷是指人的身体状况不佳、作业知识不足、作业态度不端正等。第二个骨牌的倒下是因为受第一个骨牌的影响而倒下。

第三个骨牌是"设备与动作"要因。灾害与事故的发生，是因为设备或作业动作有问题，这个骨牌的倒下是受第二个骨牌的影响而倒下。

第四个骨牌是"事故或灾害"要因，发生事故、灾害时，其结果必会造成伤害，第四个骨牌的倒下是因为第三个骨牌倒下而受到牵连。

第五个骨牌是"伤害"要因，这个骨牌倒下去时，表示作业伤害发生，而作业伤害发生的原因，是因第四个骨牌倒下去后受到波及。

在一些作业人员与某些企业的管理人员眼里，灾害或事故的发生，是自己运气不佳所导致的，这些事属于偶然事件，但从海因里希的分析可以看出，企业需要对安全事故发生的根源进行深入研究，并形成解决对策。

二、安全中的人与物

尽管灾害与事故的发生有许多的原因，但通过归纳可以发现，这些要因其实就是"物"与"人"两种要素，主要的问题就是"物"与"人"这两种要素产生了缺陷。

"物"与"人"这两种要素所造成的事故原因实例分析如表 8-1 所示，仅供参考。

表 8-1　引起生产事故的物与人的因素

事故原因	实例分析
物的原因（不安全的状态）	（1）设施的构造不合理（如地板容易滑倒等） （2）机械、器具、设备的缺陷（不完备的机械设备与工具等，常是造成员工作业伤害的最主要原因） （3）通道与作业点的条件不合格（如狭窄的通道与不安定的作业点，也常是事故发生的原因） （4）安全装置与标识不合格 （5）采光与照明不完全 （6）工厂内部的整顿与清扫工作没有彻底执行 （7）作业空间不充足 （8）材料或部分半成品不合格（工厂也经常因半成品或材料不合格，而造成作业迟滞与事故的发生） （9）作业的安全道具与护具不合格或完全不具备 （10）其他问题
人的原因（不安全的状态）	（1）程序分配、作业方式、作业时间等条件的安排不合理 （2）基本作业知识与技术不足 （3）工厂内的作业指导与教育培训工作没有彻底执行 （4）员工对工厂的规则与上级的指示不重视，或管理人员对作业规则与命令的执行疏于管理（如安全作业装备不按规定穿着、机械运转速度经常超越规定的限制等） （5）作业态度不端正

（续表）

事故原因	实例分析
人的原因（不安全的状态）	（6）作业动作与姿势的不标准（作业处位于不合理的位置、危险的动作与不标准的作业姿势，都是影响其他同事作业与造成事故的原因） （7）员工情绪起伏 （8）员工身体不适 （9）员工身心不平衡（如与同事之间产生不和、担心家庭） （10）共同作业上的联络不充足

第二节　班组生产安全管理的关键

　　班组是企业的基层组织，是加强企业管理、搞好安全生产的基础，它好比大厦的地基，地基不结实，大厦就有倒塌的危险。班组安全管理工作的好坏，直接决定了企业安全生产的状况。企业里，绝大部分事故发生在班组，只有班组的安全工作搞好了，事故频率降低了，整个企业的各项安全管理措施才算落到了实处，安全管理才能收到实效。如果班组长管理不善，或责任心不强，对违章违纪听之任之，发生事故的概率将大大增加。

案例

　　某工厂水解反应釜又发生了泄漏，班长张原知道后按常规简单地向维修部写了一张维修单。操作工陈明认为不能这样做："班长啊，这个水解反应釜三番两次泄漏，一定是出了什么问题。我们不能这样简单维修一下了事，最好是报告上级，找一些专家过来全面检查一下。"

　　张原听了不耐烦地说："没事，凭我多年的工作经验，这只是个小意外，不要大惊小怪啦！况且维修部过来维修的时候，如果有问题一定能查出来。"

　　几天后，正在运行的水解反应釜突然爆炸，设备完全炸毁，造成8人死亡、4人重伤、13人轻伤，直接经济损失36万余元。

一、培养安全意识

任何人都不期望发生生产安全意外事故，但只要一发生，就会给个人、家庭、企业、社会造成直接或间接的损失。严重时，往往会因"疏忽一时"而"痛苦一世"。安全对每一个人都相当重要，安全没有了，一切都有可能失去（见图8-2）。所以，班组长必须具有强烈的安全意识，并不断地培养员工的安全意识。

图8-2　发生了生产事故，可能一切都会失去

二、关注作业环境

在意外事故发生的原因中环境因素不可忽视，通常脏乱的工作环境、不合理的工厂布置、不合理的搬运工具、采光与照明不好、危险的工作场所都容易造成事故发生，因而，班组长在安全防范中应对作业环境加以关注，对生产现场加以整理、整顿，平时一定要留意以下事项。

（1）作业现场的采光与照明是否足够？

（2）作业现场的通风状况是否良好？

（3）作业现场是否充满了碎铁屑与木块？是否会影响作业？

（4）作业现场的通路是否够宽？是否有阻碍物存在？

（5）作业现场的地板上是否有油或水？对员工的作业是否会产生影响？

（6）作业现场的窗户是否擦干净？

（7）防火设备是否能正常地发挥功能？是否定期做检查？

（8）载货的手推车在不使用的时候是否放在指定点？

（9）作业安全宣传的标语是否贴在最引人注意的地方？

（10）经常使用的梯子、货品放置台是否摆置在合理的地方？

（11）设备装置与机械是否依安全手册置于最正确的地点？

（12）机械的运转状况是否正常？润滑油装填的地方是否有油漏到作业地板上？

（13）下雨天伞具是否放置在规定的地方？

（14）作业现场是否置有危险品？其管理是否妥善？是否定期做检查？

（15）作业现场入口的门是否处于最容易开启的状态？

（16）放置废物与垃圾的地方通风系统是否良好？

（17）日光灯的台座是否牢固？是否清理干净？

（18）电气装置的开关或插座是否有脱落的地方？

（19）机械设备的附属工具是否凌乱地放置在各处？

（20）上级的指示与安全作业注意点员工是否都能深入地了解，并依序执行？

（21）共同作业的同事是否能相互配合？

（22）其他问题。

三、关注员工的状况

事故、灾害发生的另一个原因，是因为员工身体状况不佳或超时作业导致身心疲劳，使员工的精神无法集中在工作上，从而容易发生事故。针对此原因，班组长在安排作业时，一定要多考虑员工的状况，千万不可为了赶工而要求员工超时作业，这是很危险的做法；员工在追求高效率作业时，也要适时地调整自己的身体状况，不可以在企业安排的休息时间，进行过度刺激的娱乐活动，这样不但失去了休息的意义，还会降低工作效率，甚至引发事故。

案例

最近车间的人都注意到女工唐霞的工作状态很差，经常心不在焉，好像心事重重的。她再继续这样下去的话，不但严重影响整条流水线的生产效率，还可能因为她的一时疏忽导致发生意外。这天早晨，罗英实在是忍不住，问道："唐姐，你怎么啦？我看你这段时间好像有心事？""哦！没有什么，只是家里有点事。

我父亲生病在床，这几天还有吐血现象。这几天我夜里睡不好，家里只有我这份收入，如果我在家照顾他的话就没钱治病；如果继续工作，我又放心不下。"唐姐，那你可要小心啦，要不你去打包那边吧，那边的活轻松一点，你这里我来帮你做。""不行，班长肯定不让的。"正说着，班长赵刚过来了："你们俩在说什么呢？我说唐霞，你这些天干活老是心不在焉的，这会儿该干活的时候你又在这里闲聊，怎么老是要我盯着才干活呢？罗英，你也快给我到你的位置上去，没事少在这里交头接耳的。"唐霞含泪低头继续干活，一见她这样，罗英也不敢再吱声，回到自己的工位上接着做。

当天晚上，唐霞与同事一起操作滚筒烘干机进行烘干作业。她在向烘干机放料时，被旋转的联轴节挂住裤脚口摔倒在地。旁边的同事罗英听到呼救声后，马上关闭电源才让设备停转下来，使唐霞脱险，但她的腿部已严重擦伤。

安全生产工作从某种意义上说，是关心人的工作。在生产过程中要做到互相关心、互相帮助，才能避免事故发生，对那些性格内向或孤僻的人，班组长应主动接近他们、关心他们、帮助他们，以情感人，增强团结。对班组成员在作业中的情绪尤其要加以注意，不良情绪往往是事故的起因。通常来说，班组长要留意以下事项。

（1）员工对作业是否持有轻视的态度？

（2）员工对作业是否持有不严肃的态度？

（3）员工对上级的命令与指导是否持有抵触情绪？

（4）员工是否有与同事不和的情况？

（5）员工是否在作业时有睡眠不足的情形？

（6）员工是否有身心疲劳的表现？

（7）员工手、足动作是否维持正常状况？

（8）员工是否有轻微感冒或身体不适的情形？

（9）员工对作业联系与作业报告是否有怠忽的情形发生？

（10）员工是否心理不平衡或有顾虑？

（11）员工是否有忘记穿着整洁的作业制服与违反企业规定的事项？

（12）其他问题。

四、实施安全教育

（一）新员工安全教育

新进厂员工持行政部门开出的"员工安全教育档案卡"经上级教育后到达班组，班组长应及时对其进行新员工上岗前班组级安全教育，教育时间不少于 15 学时，教育内容包括以下几个方面。

（1）介绍本班组安全生产情况、特点。

（2）讲解本工种岗位作业特点和安全操作规程。

（3）介绍设备操作安全事项。

（4）说明本班组存在的危险和有害因素。

（5）讲解安全防护设施、劳动防护用品（用具）的正确使用方法。

（6）指出要遵守的安全生产规章与制度，并指定专人监护。

安全教育完成后，分别由教育人员和受教育人员在教育卡上签字，由受教育人员将卡片送回行政部门。

（二）变换工种时的安全教育

变换工种人员持行政部门的"员工安全教育档案卡"到班组后，班组长及时安排对其进行变换工种教育，教育时间不少于 10 学时，教育内容和手续与新员工相同。

（三）复工时的安全教育

（1）工伤伤愈上岗的，不论歇工时间长短，一律要进行复工安全教育，教育内容包括帮助伤者回顾事故是怎么发生的，要吸取哪些教训等。

（2）因各种原因离岗三个月的，回岗后班长要对其进行收心教育，重温安全生产纪律、制度、安全操作规程，稳定其安全生产情绪，重新熟悉环境和设备。

以上两种情况的复工人员，均应先到安全技术人员处接受教育测试，再携带"员工安全教育档案卡"到班组接受教育。

五、监督并教育作业人员佩戴和使用劳保用品

案例

　　2022 年 4 月 23 日，某地一煤机厂职工小吴正在摇臂钻床上进行钻孔作业。测量零件时，小吴没有关停钻床，只是把摇臂推到一边，就用戴手套的手去搬动工件。这时，飞速旋转的钻头猛地绞住了小吴的手套，强大的力量拽着小吴的手臂往钻头上缠绕。小吴一边喊叫，一边拼命挣扎，等其他工友听到喊声关掉钻床时，小吴的手套、工作服已被撕烂，右手小拇指也被绞断。

　　从上面的例子可以看到，劳保用品不能随便使用，操作旋转机械时最忌戴手套。所以，班组长一定要监督并教育作业人员按照使用要求佩戴和使用劳保用品。在佩戴和使用劳保用品时，要防止发生以下情况。

　　（1）从事高空作业的人员，不系好安全带，发生坠落。

　　（2）从事电工作业（或手持电动工具）不穿绝缘鞋，发生触电。

　　（3）在车间或工地不按要求穿工作服，穿裙子或休闲服；或虽穿工作服但穿着不整，敞着前襟，不系袖口等，造成机械缠绕。

　　（4）长发不盘入工作帽中，造成长发被机械卷入。

　　（5）不正确戴手套。有的该戴不戴，造成手的烫伤、刺破等伤害；有的不该戴而戴，造成卷住手套，连带手甚至连胳膊也卷进设备的伤害事故。

　　（6）不按要求佩戴适当的护目镜和面罩，使面部和眼睛受到飞溅物伤害或灼伤，或受强光刺激，造成视力伤害。

　　（7）不正确戴安全帽。当发生物体坠落或头部受撞击时不能起到保护作用，造成伤害事故。

　　（8）在工作场所不按规定穿用劳保皮鞋，造成脚部受伤害。

　　（9）不能按现场情况正确选择和使用各类口罩、面具，不会熟练使用防毒护品，造成中毒伤害。

六、监督员工严格按操作规程操作

案例

"班长，我发现那个冷凝器这些天好像一直在漏油，要不这两天我和阿明一起去把它给焊一下？"周五快要下班时，王刚向班长陈杰主动请缨。"好啊，难得你们想到了。不过电焊时对周围的条件是有要求的，你要找行政部门开张动火票才可以动手去做。""明天就是周末了，我刚才看到行政部经理已经出去了，要不我们就先焊了吧，等下个星期回来再补动火票不就行了。这样把冷凝器补好了，也不耽误生产部下个星期的生产，还省得他们老是催。""这样啊，那你们一定要小心，注意安全。做之前要按照动火票上的要求全部检查符合条件之后才可以开始，一定要记住！""你就放心去休假吧，我们一定搞好。"王刚和李明笑着说。看到他们这么努力，陈杰打心底里高兴，哼着歌下班回家了。"班长走了，我们来检查一下吧。明天好加班干活儿。""李明，你就别折腾了，我们上次也是这样嘛，还有什么好检查的。你真是！走走走，吃饭去。"

第二天，两人在烧焊时，没有按操作规程要求在烧焊区域先泼水形成隔离带，也未准备灭火器在旁以备不时之需。由于溅出的火星将冷凝器中的漏油燃烧起来，后又因烧焊的地方两人没有按要求准备灭火器，且两人在情急之下又未能正确使用消防水枪，以致在水压过大的情况下消防水管爆裂，无法灭火。结果火势很快上升，在很短的时间内燃烧到锅炉房外的冷却水塔（内有易燃材料），最后将整个冷却水塔烧穿，造成经济损失20万元以上。

安全操作规程是前人在生产实践中摸索得来的经验，甚至是用鲜血换来的教训，它集中反映了生产的客观规律，因此，对于安全操作规程必须认真执行，不能随意违反和破坏，否则就会发生安全事故。

工厂为了贯彻安全生产的方针和政策，确保职工的生产安全和身体健康，应制定出一套符合安全要求的操作规程，用于生产过程中指导操作，并通过一定时间的实践、修改和补充，使安全操作规程更趋完善。明确了安全操作规程，如何才能做到严格遵守和认真执行呢？

（一）在操作过程中要保持精力集中

人的操作动作不仅要通过大脑的思考，还受心理状态的影响。如果心理状态不正常，精力自然也不会高度集中，在操作过程中就会出现因操作方法不当而引发的事故。为此，作业人员在操作过程中一定要始终保持精力充沛、情绪饱满；要有高度责任心；要仔细观察、思考和判断，从而保持清醒的头脑去操作；要理智地控制自己的情绪，避免外来因素的干扰而分散注意力等。

（二）在操作中要认真做到文明操作

文明操作是确保安全操作的重要组成部分，其中包括要做到明确任务要求，熟悉所需原料性质，检查设备及其防护装置有无异常现象，排除设备周围的阻碍物品，力求做到准备充分，避免中途分散注意；要保持生产现场的秩序井然，遵守劳动纪律，不得中途擅离岗位而让设备运转，不得一边操作一边做其他的事，更不得让不懂操作的人员操作。

操作中出现突然情况，千万不能过分紧张和急躁，只要冷静对待和善于处理，通常不会酿成操作差错而产生事故。在操作过程中，应杜绝麻痹、侥幸心理，不能对不安全因素熟视无睹。每个人都要从自身做起，把安全放在第一位，真正做到"高高兴兴上班来，平平安安回家去"。

七、监督员工严格遵守作业标准

经验证明，绝大多数的安全事故与违章操作有关。因此，严格要求员工遵守作业标准是避免安全事故发生的一个有效手段。因为在制定作业标准的过程中，已经充分地考虑了安全方面的因素，违章操作很可能导致安全事故发生。

案例

"小五，来加工一下这几个配件，我下午过来拿。你看过标准作业指导书了吧？有没有什么不会的地方？指导书就挂在那里，不会的地方随时再认真看看。"班长陈杰拿着几个配件过来交给小五。"看过了，挺明白的。"不一会儿，他就压好了两个。第三个比之前的两个厚一些，小五看也不看，掂了一下，也不抬高矫正机头，换用厚尺寸的压铁，直接就将一块长300毫米、厚60毫米的铁件往机头里面送去。只伸进30毫米时，便磕到机头上了，顿时垫铁和被压件同时被压偏挤飞，垫铁将小五的眼部击伤。

作业标准是前人经验与智慧的结晶，但作业人员往往会轻视每天重复的操作，从而为安全故事的发生埋下隐患。

在作业场所内，如果不严格遵守作业标准，纵然一时未发生伤亡事故，但终究存在事故隐患。所以，对于任何作业标准，员工都要认真遵守。

班组长要进行现场指导并跟踪确认做什么、如何做、重点在哪里，应该对员工传授到位，还要跟进确认一段时间，看看员工是否真会，结果是否稳定。如果只是口头交代，而没有去跟踪的话，那标准执行起来是会大打折扣的。

八、消灭违反作业规定的行为

如果消灭了作业人员、管理人员、监督人员违反规定的行为，就能实现劳动事故为零的目标。许多安全事故都是违反规定或省去了必要的作业手续所致。消灭或减少该类事故发生的对策，就是消灭违反作业规定和省去必要手续的行为。

案例

某纺织厂有一个规定：试车的时候不能戴手套。彭明是厂里的老员工，他多次被评为优秀员工，有很丰富的工作经验，但他经常在试车的时候违规戴手套。

班长不好在大庭广众之下批评他，只是私下提醒过几次，可每一次彭明都满不在乎地说："放心啦，我不会有事的，我都干了这么久了！"

两个星期后的一次试车中，彭明照例戴着手套去开车，结果，手套不小心绞入了机器里面，把他的手也带了进去，惨剧就这样发生了。

（一）违反规定会发生的事故

（1）在通道、台阶处发生翻车、翻落。

（2）因除去安全装置造成被设备夹住。

（3）在禁止通行的机械之间强行通过，造成头部受伤。

（4）无视警告把手伸入正在运行中的机械里，以致造成伤害。

（5）在运行的机械下清除污物，伸脚进去而被挫伤。

（6）不知道漏斗里有人而加料，造成窒息死亡。

（7）用布擦拭正在滚动的滚轴时把手卷进去，造成骨折。

（8）不常点检冲压机的安全装置，装置失灵伤手。

案例

　　有一家工厂为了解决平板刨床无安全装置这一隐患，专门购置了一套防护装置。但防护装置装上一段时间后，操作工小梁就不耐烦了，想要把它拆除。班长陈兵坚决不同意："厂里为了确保每位员工的人身安全，不惜花钱装了这个安全设施，怎么能说拆就拆呢？"小梁说："整天要掀盖、合盖，麻烦死了，一天都不知道要这样掀合多少次。"班长以人身安全为由坚决不同意。又过了一段时间，小梁终于忍受不住这样的麻烦，私自把安全装置拆了下来。没几天，小梁用平板刨床加工一块大木板，小梁进行推送，另一位员工在另一头接拉木板。在快刨到木板端头时，由于碰到疤，木板抖动，这时因为刨床上没有防护盖，小梁的右手脱离木板直接按到了刨刀上，瞬间四个手指就被刨掉了。

（二）不违反规定或不偷工减料就不会有事故发生

（1）现场的管理人员、监督人员要好好学习《劳动安全卫生法》及相关规定。

（2）现场的管理人员、监督人员不要在管理上偷工减料。

（3）监督人员以作业标准为教材，告诉作业人员有关作业的程序以及安全卫生规定。

（4）面向生产现场进行安全卫生教育。

（5）在危险的场所制作醒目的标示板，写上注意事项。

（6）发现有违反规定的人，要告诫本人，并公开批评其行为。

（7）增加KYT（危险预知训练）之类的安全卫生教育机会。

（8）重视5S中的"素养"，强调遵守生产现场的规则。

（9）对有违反规定倾向的作业人员进行特别的指导。

（10）对事故进行调查、统计、分析，形成报告，将此作为事故预防的参考资料。

（11）制定对发生事故现场的管理人员、监督人员的惩罚规则。

（12）用绿色十字看板的目视管理手法，来表示零事故的持续状态。

九、加强生产利器的安全管理

生产利器是在生产过程中需要使用的带有伤害性和危险性的器具。生产现场常见的利器有刀片、剪刀、剪钳、缝纫针、注射针头、镊子、螺丝批、金属钩、锥子等。

（一）利器不加以管理的危害性

利器如果不进行严格的管理，可能会导致以下问题。

（1）利器遗失。

（2）利器伤人。

（3）利器的残缺部分遗失在产品里造成事故。

案例

某制衣厂员工在缝纫一件童装时，将一枚缝纫针头断在衣服内，没有认真寻找和报告上级，导致一个3岁小女孩在试衣时误食了此针头，后经医院及时抢救才幸免于难。

（二）利器使用的控制技巧

（1）安装好利器的固定绳和固定环，使用时要求固定在物体上（如用绳索绑在工作台上）。

（2）应对所有的利器进行统一编号，设立利器管理专员。

（3）由班组长在各部门的利器管理员处统一领取，并负责使用期的保管。

（4）上班发出，下班收回，填写"利器收发记录表"（见表8-2）并保证收发数相符。

（5）利器只能由指定的员工在指定的空间范围内使用，严格按规定的方法及步骤使用。

（6）任何使用利器的员工如需离开车间，必须向班组长交回所使用的利器。

（7）缩小利器流通范围，禁止任何有锋利刀口的器械流入车间，严禁使用规定以外的利器。

（8）成品包装车间不允许使用利器。

表 8-2　利器收发记录表

部门：　　　　　　　　　日期：　　　　　　　　利器管理员：

利器名称及编号	上午（数量）			下午（数量）			加班（数量）			利器损坏及遗失状况
	发出	回收	使用者	发出	回收	使用者	发出	回收	使用者	
利器种类：A. 剪钳　B. 剪刀　C. 刀片　D. 缝纫针　E. 注射器和针头　F. 镊子　G. 螺丝批　H. 金属钩、锥子										

（三）利器的遗失及回收管理

利器有遗失时，必须要找回，如遇找不到的情况，须将现场生产的产品隔离查找，直至找到为止，并追究有关人员责任。

利器更换或收回时，如果有折断或破碎情况，必须要收集所有破损部分，如有破损部分未收回则应对产品进行隔离。事发班组长组织和监督本车间先进行人人自检，力求追回破损部分利器，如果未追回，所有产品必须返工，直至找到破损部分为止，并追究有关人员责任。每月由班组长将收集的破损利器统一处理。

十、建立安全管理记录

现场安全记录是现场日常管理的重要组成部分，从班组的现场记录中，可以全面了解到现场管理的状态。在年终评比等活动中，现场安全记录也是一项重要的评价依据；在发生事故或重大失误时，现场安全记录更是一项重要的原因分析和责任认定材料。

（一）安全记录的种类

1.现场员工一览表

现场员工一览表（见表8-3）是一个介绍现场员工情况的表格，通过该表格可以详细地了解生产现场员工的岗位情况和其工作状态，从而可以有效地实施管理。

表8-3　现场员工一览表

序号	员工姓名	工种	岗位	操作机器	熟练程度	违章记录

注：违章一次，在"违章记录"一栏中画一个"△"符号。

2.车间安全状态检查表

车间安全状态检查表可从生产的几个要素，也就是人们常说的4M1E（人、机、料、法、环）去设计，以下提供某工厂的车间安全状态检查表（见表8-4），供大家参考。

表8-4　车间安全状态检查表

检查人：　　　　　　　　　　检查时间：

序号	状态类别	安全状态要求	检查结果	备注
1	人	（1）作业人员是否受过安全培训，对本岗位的潜在性危险了解得如何 （2）作业人员使用安全设备、个人防护用具等是否熟练 （3）作业人员是否受过有关紧急事故处理方法的培训 （4）作业人员是否精神饱满、士气高昂 （5）作业人员是否有违反劳动纪律的行为，如在作业时嬉笑、打闹等		

序号	状态类别	安全状态要求	检查结果	备注
1	人	（6）作业人员是否在不安全处逗留 （7）作业人员是否会为了维护或取物方便等，将安全防护装置部分拆除或整体拆除 （8）是否出现超速作业、超速行车、超速传递的现象 （9）作业人员是否使用了不安全的工具 （10）作业人员是否有不佩戴或不正确佩戴劳动防护用品的情况		
2	机	（1）各种气体管线有哪些潜在危险性 （2）液封中的液面是否保持得适当 （3）如果外部发生火灾会使设备内部处于何种危险状态 （4）如果发生火灾、爆炸，有无抑制火势蔓延和减少损失的必要设施 （5）使用玻璃等易碎材料制造的设备是否采用了强度大的韧性材料，未用这种材料时应采取何种防护措施，否则会出现何种危险 （6）是否在特别必要的情况下才装设视镜玻璃，在受压或有毒的反应容器巾是否装设耐压的特殊玻璃 （7）紧急用阀或紧急开关是否易于接近和操作 （8）重要的装置和受压容器最后的检查日期是否超过要求的期限 （9）是否实现了有组织的通风换气，评价如何 （10）是否考虑了防静电措施 （11）对有爆炸敏感性的生产设备是否进行了隔离，是否安设了屏蔽物和防护墙 （12）为了缓和爆炸对建筑物的影响，采取了什么样的措施 （13）压力容器是否符合国家有关规定并进行了登记 （14）压力容器是否进行了外部检查、无损探伤和耐压试验 （15）压力容器是否具备档案 （16）重要设备是否制定了安全检查表 （17）设备的可靠性、可维修性如何 （18）设备本身的安全装置如何		
3	料	（1）对原料、材料、燃料的理化性质（熔点、沸点、蒸气压、闪点、燃点、危险性等级等）了解如何，受到冲击或发生异常反应时会发生什么样的后果 （2）工艺中所用原材料分解时产生的热量是否经过详细核算 （3）对可燃物的防范有何措施		

（续表）

序号	状态类别	安全状态要求	检查结果	备注
3	料	（4）有无粉尘爆炸的潜在性危险 （5）对材料的毒性是否了解，允许浓度如何 （6）容纳化学分解物质的设备是否适用，有何安全措施 （7）为防止腐蚀及反应生成危险物质，应采取何种措施 （8）原料、材料、燃料的成分是否经常变更，混入杂质会造成何种不安全影响，流程的变化对安全会造成何种影响 （9）是否根据原料、材料、燃料的特性进行合理的管理 （10）一种或一种以上的原料为何补充不上，原料补充不上有什么潜在性的危险，原料的补充是否得到保证 （11）使用惰性气体进行清扫、封闭时会引起何种危险，气源供应是否有保证 （12）原料在储藏中的稳定性如何，是否会发生自燃、自聚和分解等反应 （13）对包装和原料、材料、燃料的标志有何要求（如受压容器的检验标志、危险物品标志等） （14）对所用原料应使用何种消防装置及灭火器材 （15）发生火灾时有何种紧急措施		
4	法	（1）对发生火灾爆炸危险的反应操作，采取了何种隔离措施 （2）工艺中的各种参数是否接近了危险界限 （3）操作中会发生何种不希望的工艺流向、工艺条件及污染 （4）装置内部会发生何种可燃或可爆性混合物 （5）对接近闪点的操作，采取何种防范措施 （6）对反应或中间产品，在流程中采取了何种安全制度；如果一部分成分不足或者混合比例不同，会产生什么样的结果 （7）正常状态和异常状态都是什么样的反应速度；如何预防异常压力，异常反应，混入杂质，流动阻塞，跑、冒、滴、漏；发生了异常情况后，如何采取紧急措施 （8）发生异常状况时，是否有将反应物质迅速排放的措施 （9）有何防止急剧反应和制止急剧反应的措施 （10）泵、搅拌器等机械装置发生故障时会产生什么样的危险 （11）设备在逐渐或急速堵塞的情况下，生产会出现什么样的危险状态		
5	环	（1）车间中有毒气体浓度是否经常检测，是否超过最大允许浓度，车间中是否备有紧急沐浴、冲眼等卫生设施 （2）各种管线（蒸气、水、空气、电线）及其支架等，是否妨碍工作地点的通道		

（续表）

序号	状态类别	安全状态要求	检查结果	备注
5	环	（3）对有害气体、蒸气、粉尘和热气的通风换气情况是否良好 （4）原材料的临时堆放场所及成品和半成品的堆放是否超过规定的范围 （5）车间通道是否畅通，避难道路是否通向安全地点 （6）对有火灾爆炸危险的工作是否采取隔离操作，隔离墙是否加强，窗户是否做得最小，玻璃是否采用不碎玻璃或内嵌铁丝网，屋顶必要地点是否准备了爆炸压力排放口 （7）进行设备维修时，是否准备必要的地面和工作空间 （8）在容器内部进行清扫和检修时，遇到危险情况，检修人员是否能从出入口逃出 （9）热辐射表面是否进行防护 （10）传动装置是否装设有安全防护罩或其他防护措施 （11）通道和工作地点间、头顶与天花板间是否留有适当的空间 （12）用人力操作的阀门、开关或手柄，在操作时是否安全 （13）电动升降机是否有安全钩和行程限制器，电梯是否装有内部连锁 （14）是否采用了机械搬运代替人力搬运 （15）危险性的工作场所是否保证至少有两个出口 （16）噪声大的操作是否有防止噪声的措施 （17）电源是否装有切断开关		

注：车间安全员每月对现场安全状态检查评价一次，车间主任每季度检查考核一次。

3. 安全活动记录表

安全活动记录表可以详细地记录安全活动的时间、参与人员、主题、效果等，如表8-5所示。

表8-5　安全活动记录

活动时间	
参与人员	
主题	
活动安排	1. 2. 3.

（续表）

活动效果	
下次活动时间	

注：安全活动每月2次，活动内容可以是传达上级文件、布置相关任务、学习事故案例或下发的资料、针对某些隐患进行讨论整改，或是事故受伤者现身说法等。

4.违章处罚和安全奖励记录表

违章处罚和安全奖励记录表（见表8-6）主要记录发生在生产现场的各项违章处罚、事故或未遂事故，以及生产现场接受的各项安全奖励。该记录有助于班组长了解生产现场的常见违章、事故情况，可以有针对性地采取应对措施；将安全奖励也记录下来，可以用来激励员工。

表8-6　违章处罚和安全奖励记录

车间名：　　　　　　　　　　　年　　　月

序号	违章处罚情况	事故及未遂事故情况	安全奖励情况	备注

注：事故及未遂事故包括工伤、火灾、中毒、交通、重大设备故障等。

（二）安全记录的管理要求

1.记录的填写

原始记录填写应齐全、准确、及时、适用、简便、系统、全面。

2.记录的收集

记录的收集必须按原始记录的内容、对象、范围、时间、频率、数量等方面，严格遵照企业的管理制度和工作程序要求，使收集工作做到准确、可靠、完整。

3. 记录的管理

管理记录的技巧如下。

（1）保持记录的清晰，如无涂改，空白栏目用横杠划掉，签名完整，年、月、日明确，内容言简意赅，语言通俗易懂，格式规范化等。

（2）确保签名确认的有效性。

（3）重点关注每项工程变更在生产中实施的日期记录，这些内容可以记在生产日报上，也可以用单独的表单列出来。

（4）记录在保存期间需要防止的各种环境异常造成的影响，如虫害、鼠咬、风雨侵袭、霉变、火灾、丢失等。

（5）记录在报废时要采用适宜的方法进行处理，既要防止浪费和环境污染，也要防止整套记录资料废弃后被他人利用而泄露企业机密。

第三节　开展班组安全活动

一、班前安全会

班前安全会是各班组在正式上岗前，由班组长主持、班组员工参加，以班组为单位集合召开的工作会议；是班组考核员工签到、安排当班具体工作、进行形势任务教育等每天必开的例会；是对当班安全生产的指导、分析、鼓励、动员，并对当班可能出现的安全伤害和职业健康危害预知预警的工作安排会；也是一线员工了解当前企业生产经营情况的主要途径。

（一）班前安全会的基本要求

（1）在所有班组中，无论是正常交接班，还是安排临时、重大作业前，凡两人以上（含两人）在同一工作场所作业的，必须由班组长（或临时负责人）负责对员工进行班前安全讲话。

（2）每次安全讲话时间要控制在 5 ~ 8 分钟。讲话前，班组长要结合与本岗位有关的因素，事前做好充分的准备。

班前安全会
必不可少

（二）班组长的事前准备

1. 提前到现场了解情况

班组长应提前到工作现场，查看上一班的记录，认真听取上一班班组长的交接班情况，详细记录上一班是否有不正常情况，掌握第一手材料；与部门（车间）领导联系，是否有重要制度、会议精神或文件需要传达，上级是否需要参会，做好组织班组员工学习企业制度、会议精神的准备。

2. 开会前要认真准备会议内容

班组长在开会前要将上一班的安全、工艺、设备、生产状况等方面存在的问题及经验进行归纳，并客观、全面、细致地总结，对上一班存在的问题要认真分析，拿出解决问题的具体办法，确保本班不再发生类似现象。

（三）班前安全会的流程

1. 班前签到

必须要求当班人员在班前 15 分钟到齐，班组长或指定考勤员组织当班人员签到，以此作为考勤的依据。签到一般要求在 3 分钟内完成。

2. 列队、检查仪表及劳保用品的穿戴

（1）由班组长（或其他讲话人）组织员工列队。

（2）由班组长（或其他讲话人）目视观察，确认员工人数、情绪和劳动保护用品的穿戴情况，如有不符合着装规定的，人数较多的班组，班长可以让员工相互整理着装；人数较少的班组，如 3 人以下，班组长可以亲自为员工整理着装。

　　凡精神状态不佳者，班组长均应给予足够的重视，对其的工作安排要有所考虑或另作调整。

3.传达精神

按照上级要求传达上级会议精神，或者学习有关的文件、材料。

4.安全提示

提示设备在使用中可能出现的隐患及对应的预防措施；提示周边和自然环境、气候变化可能引起的风险及对应的预防措施等。

5.工作布置

（1）明确本班员工当班的主要工作任务（包括加油、保洁、整理物品、学习）。

（2）明确本班员工的岗位职责。

（3）明确本班员工在发生或出现突发事故时的分工。

　　班组长讲完话后，最好随机挑选三位员工进行询问，了解情况，确保关键精神落实到每位员工。

对于班前安全会，如果企业没有一个规定的模式或流程的话，班组长可以自己整理出一个流程出来，这样，每次班前会就会很规范、很正式，班组成员也会真正地重视起班前会。表8-7是某工厂班前会的流程、内容、标准及时间要求。

表8-7　班前安全会的流程、内容、标准及时间要求

序号	阶段名称	工作内容	实施标准	时间要求
1	班前准备	确认本班当日生产计划、型号、时间、材料及备货等要求	任务细化分配到每个岗位、每位员工	上班前
		确认上一班生产情况	收集上一班质量、安全、环境问题的通报材料	上班前

（续表）

序号	阶段名称	工作内容	实施标准	时间要求
1	班前准备	检查现场设备、工器具、交接班记录及环境	现场巡视记录并组织通报材料	上班前
		整理事故通报、学习文件、现场案例等	整理相关文件、素材、材料，组织发言材料	上班前
2	班前集合	集合	班组全员在班前5分钟到班组活动室集合	班前5分钟
		班组长检查着装、劳保用品穿戴、人员出勤、上岗证等	劳保用品及着装规范，上岗证及操作证随身佩戴，准时出勤	20秒检查完毕
		班组长观察班组人员情况	观察员工精神状态，如是否精神恍惚、是否有黑眼圈、是否感冒生病、是否喝酒等	10秒观察完毕
3	班前安全会	班前点名，记录考勤	班组长宣读姓名，班组成员听到后喊"到"，声音洪亮，保证每位员工听清楚	40秒
		喊口号或唱厂歌、会前破冰活动	班组长带头，全班组参与	15秒完成
		宣布班前安全会开始，公布上一班现场情况和存在的问题，如产量、质量、安全、设备、环境、交接班情况等，并对存在的不足和要求的整改措施进行讲解、分析	简明扼要，以数据为主，着重强调问题	1分钟
		学习企业文件或会议精神，传达部门（车间）要求	文件学习要有记录和人员签到	2分钟
		工作布置，如今日生产品种、产量、质量及时间要求；依据当班工作内容向组员进行安全预知教育，强调注意事项和可能发生的问题与对策	工作布置要按5W1H要求表述清晰、明确并与员工确认，安全预知教育要根据实际生产情况有针对性地进行	1分钟
		安全工作提醒、宣传贯彻，包括事故通报、岗位规程、应急预案、危险源讲解、异常情况处理等	要求每班内容都不一样，每两周可重复强调一次	1分钟

（续表）

序号	阶段名称	工作内容	实施标准	时间要求
3	班前安全会	宣传和讲解生产工作操作注意事项，明确注意的事项和处理方法	对于近一时期生产出现的问题给予强调	1分钟
		班组长带领齐喊口号或唱厂歌，宣布班前安全会结束，员工签字确认后回岗位工作，班长按要求记录台账并放置于指定区域	班长带头，唱厂歌一遍或喊口号三遍，口号统一，声音整齐响亮，签字确认后方可回岗位，台账放置在指定区域	40秒

二、班后安全会

班后安全会是一天工作结束或告一段落，在下班前由班组长主持召开的一次班组会。班后安全会以讲评的方式，在总结、检查（某种意义上也是一次小的评比）生产任务的同时，总结、检查安全工作，并提出整改意见。班前安全会是班后安全会的前提与基础，班后安全会则是班前安全会的延续和发展。

（一）班后安全会的基本要求

（1）班后安全会必须全员参加，对迟到或未参加班后安全会的人员，事后要及时补会。

（2）班后安全会召开时间不要太长，通常为10分钟。

班后安全会——就当班的生产信息等进行有效沟通

（二）班后安全会的主要内容

班后安全会的主要内容如下。

（1）简明扼要地小结当天生产任务的完成情况和执行安全规程的情况，既要肯定好的方面，又要找出存在的问题和不足。

（2）对工作中认真执行规程、表现突出的员工进行表扬；对违章指挥、违章作业的员工视情节轻重和造成后果的大小，提出批评或进行考核处罚。

（3）对人员安排、作业方法、安全事项提出改进意见，对作业中发生的不安全因素、现象提出防范对策。

（4）要全面、准确地了解当班的实际情况，使总结讲评具有说服力。

（5）注意工作方法，做好员工的思想工作。以灵活机动的方式，激励员工安全工作的积极性，增强自我保护的能力，帮助员工端正态度，克服消极情绪，以达到安全生产的共同目的。

安全会记录是以书面的形式记录会议的情况，以便跟踪和了解。不管是班前安全会还是班后安全会，都一定要有记录，具体如表8-8和表8-9所示。

表8-8　班前安全会记录

班组负责人：

班前安全会时间：　年　月　日　时　分　　地点：	
班组负责人：　　　　　　　　　　　记录人：	
当日工作任务	
任务现场危害识别	
	备注：①液体　②气体　③温度　④压力　⑤可燃性　⑥腐蚀性　⑦毒性⑧辐射性　⑨高处　⑩其他（请注明）

（续表）

布置安全措施及交代安全注意事项	备注： **A清理** A1氮气置换 A2空气吹扫 A3化学清洗 A4水洗 A5蒸煮 A6泄压 A7排气 A8排液 A9其他（请注明） A10气体检测合格 **B隔离** B1双重隔离 B2双隔断阀 B3单隔断阀 B4其他（请注明） B5已上锁挂牌 **C液/气泄漏的控制设备** C1抽吸系统 C2通风系统 C3安全冲淋 C4消防设施设备 C5水管 C6泄漏收集桶 C7沙袋 C8吸油物品 C9连接火炬 C10区域隔离或警戒线 C11其他（请注明） **D个人防护装备** D1防静电服装 D2安全帽 D3安全鞋 D4手套 D5安全眼镜 D6全封闭眼罩 D7正压式呼吸器 D8便携式硫化氢报警仪 D9防毒面罩 D10安全带 D11耳罩 D12化学防护服 D13其他（请注明）	
班组长检查项目		备注
检查衣着劳保	班组人员是否按劳动保护要求着装	是 □ 否 □	
检查健康状况	班组人员身体状况是否良好	是 □ 否 □	
检查安全工具及防护用品	安全帽是否符合要求	是 □ 否 □	
	安全带是否符合要求	是 □ 否 □	
	正压式空气呼吸器是否符合要求（压力、消毒）	是 □ 否 □	
	便携式硫化氢报警器是否能正常使用	是 □ 否 □	
	绝缘手套、绝缘鞋是否合格	是 □ 否 □	
	护目镜（面罩）是否符合要求	是 □ 否 □	
	其他安全防护用品是否满足要求	是 □ 否 □	
检查工作环境	工作间是否整洁	是 □ 否 □	
检查作业工具	检查作业工器具是否符合作业要求	是 □ 否 □	
班组人员签名		

表 8-9　班后安全会记录

班组负责人：

班后安全会时间：　　年　　月　　日　　时　　分　　地点：		
班组负责人：　　　　　　　　　　　　记录人：		
工作完成情况		

当日安全自查情况		备注
1. 有无违章指挥现象	有 □　　无 □	
2. 有无违章作业现象	有 □　　无 □	
3. 有无违反现场劳动纪律现象	有 □　　无 □	
4. 有无不懂操作、不会操作现象	有 □　　无 □	
5. 班组人员作业中有无精神、行为上的异常情况	有 □　　无 □	
6. 劳动防护用品有无异常情况	有 □　　无 □	
7. 安全工器具有无异常情况	有 □　　无 □	
8. 施工工器具有无异常情况	有 □　　无 □	
9. 施工工器具有无遗失情况	有 □　　无 □	
10. 作业环境有无异常变化情况	有 □　　无 □	
11. 安全措施是否按要求执行	是 □　　否 □	
12. 工作过程中监护是否到位	是 □　　否 □	
13. 现场危险点分析是否正确、到位	是 □　　否 □	
14. 工作完成是否清理工作现场	是 □　　否 □	
工作小结		
班组人员签名		

三、KYT 活动

危险预知训练（Kiken Yochi Training）简称为 KYT，是针对生产的特点和作业工艺的全过程，以危险性为对象，以作业班组为基本组织形式而开展的一项安全教育和训练活动。它是一种群众性的"自我管理"活动，目的是控制作业过程中的危险，预测和预防可能发生的事故。

（一）KYT 的起源

KYT 起源于日本住友金属工业公司的工厂，在融合三菱重工业公司和长崎赞造船厂发起的"全员参加的安全活动"后，经日本中央劳动灾害防止协会推广，成为一种技术方法。KYT 在生产中获得了广泛的运用，遍及各个企业，我国宝钢集团首先引进了此项技术。

（二）KYT 的适用范围

KYT 适用于通用的作业类型和岗位相对固定的生产岗位作业、正常的维护检修作业、班组间的组合（交叉）作业以及抢修抢险作业。

（三）班组 KYT 活动的目的

（1）描写作业情况。
（2）找出班组作业现场隐藏的危险要因和有可能引起的状况。
（3）组织班组员工一起讨论、协商，指点班组员工确认危险点或重点实施事项。
（4）找出危险点控制的措施，并予以训练，使其标准化。

（四）KYT 活动的实施

1. 实施要点

通过小组活动，运用解决问题的四步循环（见表 8-10）来开展 KYT 活动。

表 8-10　解决问题的四步循环

				关键点	实施点
观察		1R	掌握现状	存在什么潜在危险	通常是现场的现物
考虑		2R	追究根本	主要危险因素是什么	不遗漏任何危险部位
评价		3R	找出对策	如果是你要怎么做	可实施的具体对策
决定		4R	设定目标	我们应该当这么做	与他人针对对策达成共识
实践					责任者、日程
总结 / 评价					全体成员

2. 实施步骤和基本方法

KYT 活动的实施步骤如图 8-3 所示，通常是选定案例图片或以工作中的某个情景为例，由班组长介绍内容，大家一同分析。

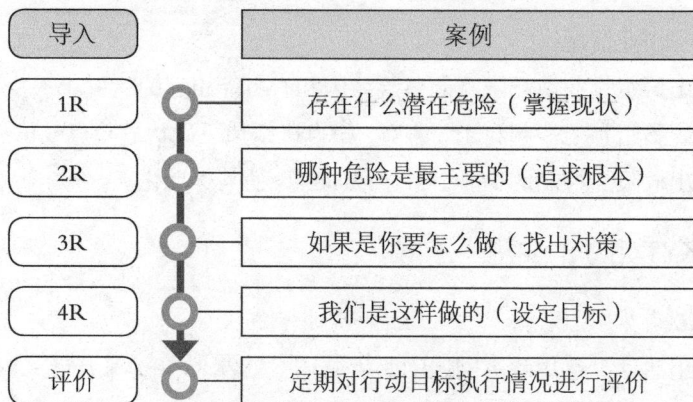

导入	案例
1R	存在什么潜在危险（掌握现状）
2R	哪种危险是最主要的（追求根本）
3R	如果是你要怎么做（找出对策）
4R	我们是这样做的（设定目标）
评价	定期对行动目标执行情况进行评价

图 8-3　KYT 活动的实施步骤

KYT 活动实施的基本方法如表 8-11 所示。

表 8-11 KYT 活动实施的基本方法

步骤	关键点	操作说明
1R	掌握现状：到底哪些是潜在的危险因素（最好结合大家熟悉的对象或以岗位的危险源为对象）	认为或发现哪个地方比较危险，会出现什么事故，叫大家找出来 （1）叫大家举手发言 （2）假定一下将来可能出什么样的危险及可能的事故 （3）通过大家讨论列出 5 ~ 7 个危险因素 （4）小组一般 5 ~ 7 人，每人至少提一条
2R	追求根本：主要的危险因素	（1）每人指出 1 ~ 2 条认定的主要危险因素，在认为有问题的项目划"○" （2）将问题集中、重点化，最后形成大家公认的主要危险因素（合并为 1 ~ 2 个危险因素） （3）列出集中后的 1 ~ 2 个危险因素
3R	找出对策：如果是你要怎么做	针对集中后的危险因素每个人提出一个对策 （1）根据主要危险因素，每人提出 1 ~ 2 条具体可实施的对策 （2）将大家提出的 5 ~ 7 条对策合并为 1 ~ 2 条最可行的对策
4R	设定目标：我们是这样做的	将合并的 1 ~ 2 条对策设定为团队的行动目标

3. 实施时的注意事项

员工对危险的预知能力不是一次就能训练好的，必须反复训练，应坚持用 PDCA 进行固化、改善和提高，如图 8-4 所示。

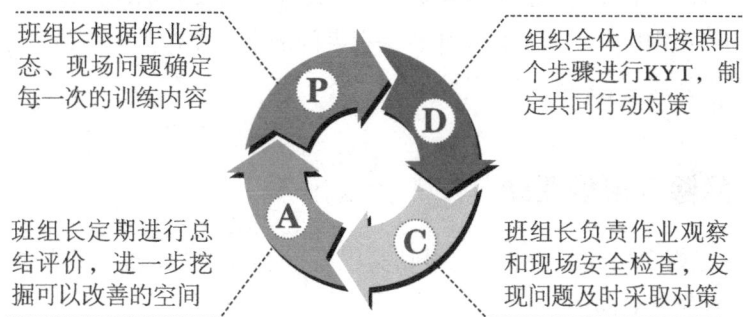

班组长根据作业动态、现场问题确定每一次的训练内容

组织全体人员按照四个步骤进行KYT，制定共同行动对策

班组长定期进行总结评价，进一步挖掘可以改善的空间

班组长负责作业观察和现场安全检查，发现问题及时采取对策

图 8-4 KYT 活动的 PDCA 循环

（五）KYT活动卡片的填写与管理

1.卡片的内容及填写

KYT活动卡片的内容应针对现场实际情况由相关人员认真填写记录，且必须是在现场和作业开始前完成，签字一栏必须是作业人员本人。

卡片中危险因素的查找及描述，应针对各个作业环节可能产生的危险因素、人的不安全行为和可能导致的后果进行，前后要有因果关系表述。对发现的主要危险因素要采取相应的防范措施。KYT活动卡片的具体内容如表8-12所示。

表8-12　KYT活动卡片

作业地点			作业时间							
作业人员			负责人							
作业内容	危险因素描述（危害及后果）	类别（4M1E）						重要性		对策
		人	机	料	法	环	其他	重要	一般	

确认人：　　　　　　　　　　　　　　班长：

2.卡片的管理

KYT活动卡片的收集整理要有专人负责，并编制成册加以保存。卡片的保存时间一般为班组内半年、车间内一年，保存期间的卡片要作为班组员工开展安全教育的材料，供开展KYT活动使用。

四、危险源辨识活动

为避免工伤事故和职业危险，最切实、最有效的办法是找准工作中的危险源，并采取措施控制好危险源。

危险源辨识就是识别危险源并确定其特性的过程。危险源辨识不但包括对危险源的识别，而且包括对其性质进行判断，并对危险源进行管理。

案例

　　某班组利用危险源分析方法，在某机器大修前对其进行了危险源分析。班组人员分别对人、机械、电气、化学、辐射、高处坠落、地面滑跌等几个方面进行了危险源分析。找出了哪些因素会造成人员触电，哪些因素会造成人身遭受机械外力的伤害，工作中使用的化学物品哪些对人体有害，工作场所周围有无电磁辐射，涉及高处作业的工作有哪些，安全带有无可靠的悬挂点等。设备方面则根据以往的检修记录、日志，设备检修和运行中故障出现的频次，找出了设备的薄弱环节，明确了哪些部位容易出故障、哪些部位容易受到损伤、哪些会人为地造成设备的损伤等。针对分析结果，班组人员对待修机器进行了风险评价，提出了危险控制点，并制定出一系列相应的防范措施，明确要求全体人员在检修工作中严格遵守安全规程，严格执行设备检修工艺标准。同时，工作中如遇有疑问的事项必须及时提出，需要时时保持高度的警觉，遇有异常，立即停止工作，待查明原因后再继续工作。

　　由于班组事先对危险源进行了风险评价，并及时制定了相应防范措施，有效地控制和减少了班组的不安全现象，从而创造了班组的安全工作环境，提高了工作效率，杜绝了事故发生。

　　危险源是指一个系统中具有潜在能量和物质释放危险的、在一定的触发因素作用下可转化为事故的部位、区域、场所、空间、岗位、设备及位置。

（一）危险源的分类

　　危险源是生产作业中潜在的不安全因素，如不对其进行防护或预防，有可能会导致事故发生。根据危险源在事故发生、发展中的作用，可将危险源分为两类，即第一类危险源和第二类危险源。

　　1. 第一类危险源

　　根据能量意外释放理论，事故是能量或危险物质的意外释放造成的，作用于人体的过量的能量或干扰人体与外界能量交换的危险物质，是造成人员伤害的直接原因。因此,把系统中存在的、可能发生意外释放的能量或危险物质称作第一类危险源。例如，带电的导体、行驶的车辆等。

（1）常见的第一类危险源。表8-13列出了工业生产过程中常见的可能导致各类伤亡事故的第一类危险源。

表8-13　第一类危险源与伤害事故类型

事故类型	能量源或危险物的产生、储存	能量载体或危险物
物体打击	产生物体落下、抛出、破裂、飞散的设备、场所、操作	落下、抛出、破裂、飞散的物体
车辆伤害	车辆，使车辆移动的牵引设备、坡道	运动的车辆
机械伤害	机械的驱动装置	机械的运动部分
起重伤害	起重、提升机械	被吊起的重物
触电	电源装置	带电体、高跨步电压区域
灼烫	热源设备、加热设备、炉、灶、发热体	高温物体、高温物质
火灾	可燃物	火焰、烟气
高处坠落	高度差大的场所，人员借以升降的设备、装置	设备、装置、人体
坍塌	土石方工程的边坡、料堆、料仓、建筑物、构筑物	边坡土（岩）体、物料、建筑物、构筑物、载荷
冒顶片帮	矿山采掘空间的围岩体	顶板、两帮围岩
放炮、火药爆炸	炸药	设备、装置
瓦斯爆炸	可燃性气体、可燃性粉尘	设备、装置
锅炉爆炸	锅炉	蒸汽
压力容器爆炸	压力容器	内容物
淹溺	江、河、湖、海、池塘、洪水、储水容器	水
中毒窒息	产生、储存、聚积有毒有害物质的装置、容器、场所	有毒有害物质

（2）产生、供给能量的装置、设备。产生、供给人们生产、生活活动能量的装置、设备是典型的能量源。例如，变电所、供热锅炉等，它们运转时会供给或产生很高的能量。

（3）使人体或物体具有较高势能的装置、设备、场所。使人体或物体具有较高势能的装置、设备、场所相当于能量源，如起重、提升机械、高度差较大的场所等。

（4）能量载体。拥有能量的人或物，例如，运动中的车辆、机械的运动部件、带电的导体等，本身都具有较大能量。

（5）一旦失控可能产生巨大能量的装置、设备、场所。正常情况下按人们的意图进行能量的转换和做功，在意外情况下可能产生巨大能量的装置、设备、场所，如强烈放热反应的化工装置，充满爆炸性气体的空间等。

（6）一旦失控可能发生能量蓄积或突然释放的装置、设备、场所。正常情况下多余的能量被释放而处于安全状态，一旦失控会发生能量的大量蓄积，其结果可能导致大量能量意外释放的装置、设备、场所，如各种压力容器、受压设备，容易发生静电蓄积的装置、场所等。

（7）危险物质。危险物质除了干扰人体与外界能量交换的有害物质外，也包括具有化学能的危险物质。具有化学能的危险物质分为可燃烧爆炸危险物质和有毒、有害危险物质两类。可燃烧爆炸危险物质指能够引起火灾、爆炸的物质，按其物理化学性质分为可燃气体、可燃液体、易燃固体、可燃粉尘、易爆化合物、自燃物质、忌水物质和混合危险物质八类；有毒、有害危险物质指直接加害于人体，造成人员中毒，致病、致畸、致癌等的化学物质。

（8）生产、加工、储存危险物质的装置、设备、场所。这些装置、设备、场所在意外情况下可能引起其中的危险物质起火、爆炸或泄漏，如炸药的生产、加工、储存设施，化工、石油化工的生产装置等。

（9）与之接触会造成人体意外伤害的物体。例如，物体的棱角、工件的毛刺、锋利的刃等，一旦运动的人体与之接触，人体的动能意外释放将会使人遭受伤害。

2. 第二类危险源

导致能量或危险物质的约束或限制措施破坏或失效的各种因素，称作第二类危险源。第二类危险源包括人、物、环境三个方面的问题，如表8-14所示。

表8-14　第二类危险源及影响

因素		说明	影响
人	人的不安全行为	一般指明显违反安全操作规程的行为，这种行为往往直接导致事故发生。例如，不断开电源就带电修理电气线路而发生触电等	可能直接破坏对第一类危险源的控制，造成能量或危险物质的意外释放；也可能造成物的不安全问题，进而导致事故。例如，超载起吊重物造成钢丝绳断裂，发生重物坠落事故

（续表）

因素		说明	影响
人	人的失误	指人的行为结果偏离了预定的标准。例如，合错了开关使检修中的线路带电，误开阀门使有害气体释放等	可能直接破坏对第一类危险源的控制，造成能量或危险物质的意外释放；也可能造成物的不安全问题，进而导致事故。例如，超载起吊重物造成钢丝绳断裂，发生重物坠落事故
物	物的不安全状态	是指机械设备、物质等明显的不符合安全要求的状态。例如，没有防护装置的转动齿轮、裸露的带电体等	可能直接使约束、限制能量或危险物质的措施失效而发生事故。例如，电线绝缘损坏发生漏电；管道破裂使其中的有毒有害介质泄漏等。有时一种物的故障可能导致另一种物的故障，最终造成能量或危险物质的意外释放。例如，压力容器的泄压装置故障，使容器内部介质压力上升，最终导致容器破裂
	物的故障（或失效）	指机械设备、零部件等由于性能低下而不能实现预定功能的现象	
环境		主要指设备运行的环境，包括温度、湿度、照明、粉尘、通风换气、噪声和震动等物理环境，以及企业和社会的软环境	不良的物理环境会引起物的不安全问题或人的不安全问题。例如，潮湿的环境会加速金属腐蚀而降低结构或容器的强度；工作场所强烈的噪声影响人的情绪，分散人的注意力而引发人的失误。企业的管理制度、人际关系或社会环境影响人的心理状态，可能造成人的不安全行为或人的失误

　　第二类危险源往往是一些围绕第一类危险源随机发生的现象，它们出现的频率决定事故发生的可能性。第二类危险源出现得越频繁，发生事故的可能性就越大。

　　3. 两类危险源的关系

　　一起事故的发生是两类危险源共同作用的结果。第一类危险源的存在是事故发生的前提，第二类危险源的出现是第一类危险源导致事故的必要条件。

　　第二类危险源的控制应该在第一类危险源控制的基础上进行，与第一类危险源的控制相比，第二类危险源是一些围绕第一类危险源随机发生的现象，对它们的控制更困难。

（二）辨识危险源的步骤

各班组在辨识危险源时，应按照一定的步骤进行，具体如图 8-5 所示。

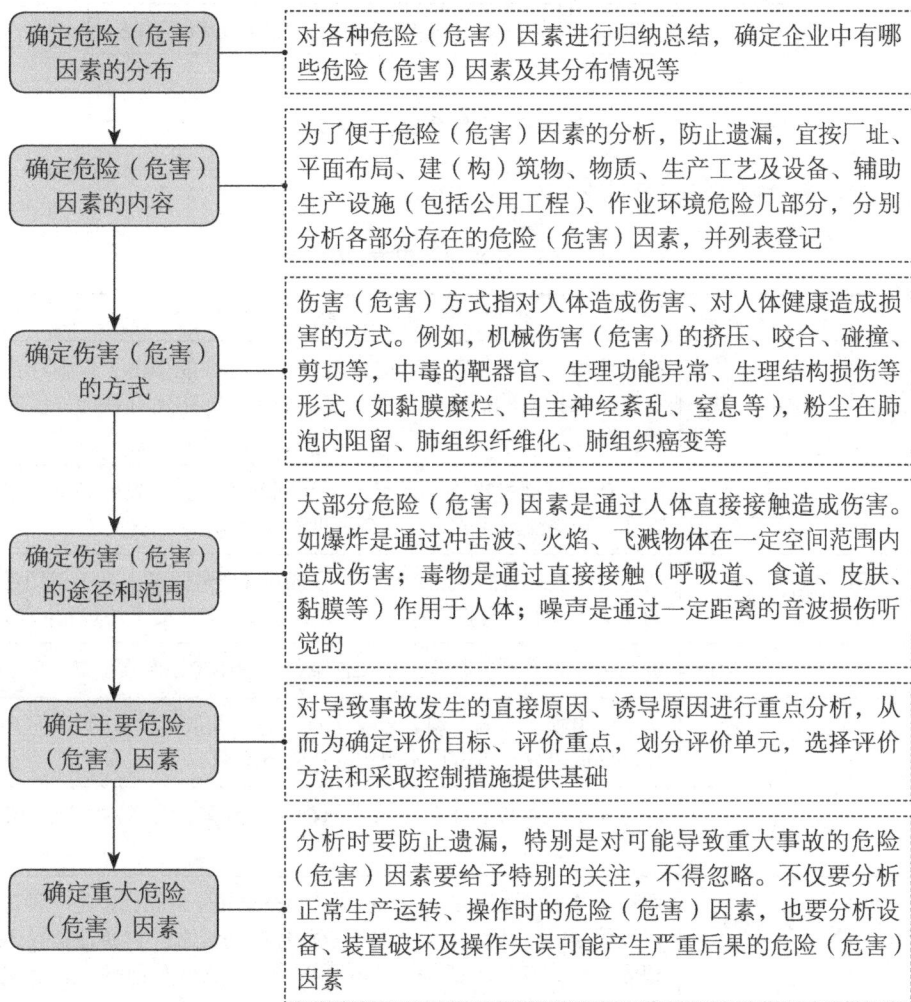

确定危险（危害）因素的分布	对各种危险（危害）因素进行归纳总结，确定企业中有哪些危险（危害）因素及其分布情况等
确定危险（危害）因素的内容	为了便于危险（危害）因素的分析，防止遗漏，宜按厂址、平面布局、建（构）筑物、物质、生产工艺及设备、辅助生产设施（包括公用工程）、作业环境危险几部分，分别分析各部分存在的危险（危害）因素，并列表登记
确定伤害（危害）的方式	伤害（危害）方式指对人体造成伤害、对人体健康造成损害的方式。例如，机械伤害（危害）的挤压、咬合、碰撞、剪切等，中毒的靶器官、生理功能异常、生理结构损伤等形式（如黏膜糜烂、自主神经紊乱、窒息等），粉尘在肺泡内阻留、肺组织纤维化、肺组织癌变等
确定伤害（危害）的途径和范围	大部分危险（危害）因素是通过人体直接接触造成伤害。如爆炸是通过冲击波、火焰、飞溅物体在一定空间范围内造成伤害；毒物是通过直接接触（呼吸道、食道、皮肤、黏膜等）作用于人体；噪声是通过一定距离的音波损伤听觉的
确定主要危险（危害）因素	对导致事故发生的直接原因、诱导原因进行重点分析，从而为确定评价目标、评价重点，划分评价单元，选择评价方法和采取控制措施提供基础
确定重大危险（危害）因素	分析时要防止遗漏，特别是对可能导致重大事故的危险（危害）因素要给予特别的关注，不得忽略。不仅要分析正常生产运转、操作时的危险（危害）因素，也要分析设备、装置破坏及操作失误可能产生严重后果的危险（危害）因素

图 8-5　辨识危险源的步骤

（三）辨识危险源的方法

辨识危险源的方法有许多，具体如图 8-6 所示。

询问、交谈	问卷调查	现场观察	查阅有关记录
获取外部信息	工作任务分析	危险与可操作性研究（HAZOP）	
安全检查表（SCL）	事件树分析（ETA）	事故树分析（FTA）	

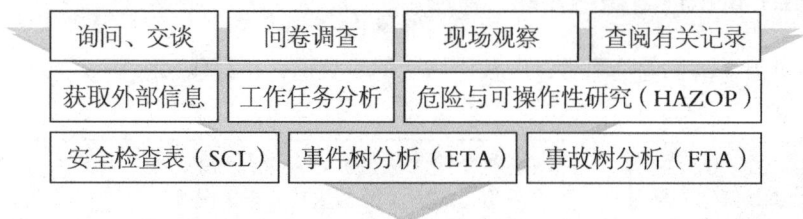

图 8-6 危险源辨识的方法

危险源辨识方法的说明如表 8-15 所示。

表 8-15 危险源辨识方法的说明

序号	方法	具体说明
1	询问、交谈	在企业中，有丰富工作经验的老员工，往往能指出工作中存在的危害。从指出的危害中，可初步分析出工作中所存在的一、二类危险源
2	问卷调查	问卷调查是通过事先准备好的一系列问题，通过到现场察看及与作业人员交流沟通的方式，来获取有关危险源的信息
3	现场观察	通过对作业环境的现场观察，可发现存在的危险源。从事现场观察的人员，要求具有安全技术知识并掌握职业健康安全法规和标准
4	查阅有关记录	查阅企业的事故、职业病相关记录，可从中发现存在的危险源
5	获取外部信息	从类似组织、文献资料、专家咨询等方面获取有关危险源的信息，加以分析研究，可辨识出组织存在的危险源
6	工作任务分析	通过分析班组成员工作任务中所涉及的危害，可以对危险源进行识别
7	危险与可操作性研究（HAZOP）	危险与可操作性研究（Hazard and Operability Study），是一种对工艺过程中的危险源实行严格审查和控制的技术。它通过指导语句和标准格式寻找工艺偏差，以辨识系统存在的危险源，并确定控制危险源风险的对策
8	安全检查表（SCL）	运用已编制好的安全检查表（Safety Check List），对企业进行系统的安全检查，可辨识出存在的危险源
9	事件树分析（ETA）	事件树分析（Event Tree Analysis）是一种从初始事件起，分析各环节事件"成功（正常）"或"失败（失效）"的发展变化过程，并预测各种可能结果的方法，本质是时序逻辑分析判断方法。应用这种方法对各环节事件进行分析，可辨识出存在的危险源

（续表）

序号	方法	具体说明
10	故障树分析（FTA）	故障树分析（Failure Tree Analysis）是一种根据系统可能发生的或已经发生的事故结果，去寻找与事故发生有关的原因和规律的分析方法。通过这样一个过程分析，可辨识出企业中导致事故的危险源

上述各种方法有着各自的优缺点，班组在辨识危险源时可采用其中的一种或多种方法。

五、班组安全检查

开展班组安全检查，就是根据上级有关安全生产的方针、政策、法令、指示、决议、通知和各种标准，运用系统工程原理和方法，识别生产活动中存在的物的不安全状态、人的不安全行为，以及生产过程中潜在的职业危害。

（一）班组安全检查的内容

班组安全检查的内容如表 8-16 所示。

表 8-16　班组安全检查的内容

序号	要点	检查内容
1	思想、纪律方面	（1）员工是否树立"安全第一"的思想，安全责任心是否较强 （2）员工是否掌握安全操作技能，自觉遵守安全技术操作规程及各种安全生产制度，对于不安全的行为是否敢于纠正和制止 （3）员工是否严格遵守劳动纪律 （4）员工是否做到安全文明生产 （5）员工是否正确、合理穿戴和使用个人防护用品、用具
2	法规、制度的执行方面	（1）检查本班组是否贯彻了国家有关安全生产的方针政策和法规制度，员工对安全生产工作的认识是否正确 （2）是否建立和执行了班组安全生产责任制 （3）是否贯彻执行了安全生产"五同时"（计划、布置、检查、总结、评比生产工作的同时进行安全工作） （4）对伤亡事故是否坚持做到了"四不放过"（事故原因未查清不放过，事故责任人未受到处理不放过，事故责任人和广大群众没有受到教育不放过，事故没有制定切实可行的整改措施不放过）

（续表）

序号	要点	检查内容
2	法规、制度的执行方面	（5）特种作业人员是否经过培训、考核，是否凭证操作 （6）班组的各项安全规章制度是否建立与健全，并严格贯彻执行
3	检查生产现场是否存在物的不安全状态	（1）检查设备的安全防护装置是否良好：防护罩、防护栏（网）、保险装置、连锁装置、指示报警装置等是否齐全、灵敏、有效，接地（接零）是否完好 （2）检查设备、设施、工具、附件是否有缺陷：制动装置是否有效，安全间距是否合乎要求，机械强度、电气线路是否老化、破损，超重吊具与绳索是否符合安全规范的要求，设备是否带"病"运转和超负荷运转 （3）检查易燃易爆物品和剧毒物品的贮存、运输、发放和使用情况：是否严格按照管理制度执行，通风、照明、防火等是否符合安全要求 （4）检查生产作业场所和施工现场有哪些不安全因素：有无安全出口，登高扶梯、平台是否符合安全标准，产品的堆放、工具的摆放、设备的安全距离、作业人员安全活动范围、电气线路的走向和距离是否符合安全要求，危险区域是否有护栏和明显标志等
4	检查员工是否存在不安全行为和不安全的操作	（1）检查员工有无忽视安全技术操作规程的现象：操作无依据，没有安全指令，人为损坏安全装置或弃之不用；冒险进入危险场所，对运转中的机械装置进行注油、检查、修理、焊接和清扫等 （2）检查有无违反劳动纪律的现象：在作业场所工作时间开玩笑、打闹、精神不集中、脱岗、睡岗、串岗，滥用机械设备或车辆等 （3）检查日常生产中有无误操作、误处理的现象：在运输、起重、修理等作业时信号不清、警报不鸣，对重物、高温、高压、易燃、易爆物品等做了错误处理，使用了有缺陷的工具、器具、起重设备、车辆等 （4）检查个人劳动防护用品的穿戴和使用情况：进入工作现场是否正确穿戴防护服、帽、鞋、面具、眼镜、手套、口罩、安全带等；电工、电焊工等电气作业人员是否穿戴超期绝缘防护用品，使用超期防毒面具等 （5）及时总结并积极推广安全生产先进经验。安全生产检查不仅要查出问题、消除隐患，还要发现安全生产的好典型，并进行宣传、推广，在员工中掀起学习安全生产经验的热潮，进一步推动安全生产工作

（二）安全检查结果的处理

安全检查应做好详细的检查记录，对于存在的问题，应按企业规定的职责范围

分级落实整改措施，限期解决，并定期复查。班组安全生产日常检查表如表 8-17
所示。

表 8-17　班组安全生产日常检查表

检查内容　　　　　　结　果　　　　　日　期	日		日		日		日		日	
	上午	下午	上午	下午	上午	下午	上午	下午	上午	下午
1.机械操作员是否遵守操作规程										
2.机械危险部位是否有安全防护装置										
3.机械防护装置是否安全有效										
4.机械设备是否有操作规程标识										
5.员工是否按要求佩戴防护用品										
6.员工是否按要求着装										
7.员工是否把饮水和食物带入车间										
8.货物摆放是否整齐平稳不超高										
9.货物是否堵塞灭火器材和通道										
10.工作台电线、插头是否裸露脱落										
11.测试仪是否有绝缘防护										
12.员工工位是否被货物或台凳堵塞										
13.车间照明、通风、温度是否正常										
14.电源线路、开关掣是否正常										
15.危险品是否贴有标志										
16.危险液体是否用有盖压力瓶盛装										
17.危险品是否远离火源、热源										
18.岗位上是否放有过量的危险品										
19.电烙铁、风筒是否符合安全要求										
20.员工是否经过岗位安全培训										
21.员工是否遵守工作纪律										

说明：请根据检查情况在"结果"栏内打"√"或"×"，发现问题及时整改，并做好记录，
如无法整改的，要立即向部门主管报告，直到问题解决为止

班组负责人：_____部_____组

检查人：_____　　　　　　部门安全员：_____

（1）对不能及时整改的隐患，要采取临时安全措施，提出整改方案，报请上级主管部门核准。

（2）不论哪种方式的检查，都应进行总结，列明分析、评价和处理意见。

（3）对安全生产情况好的班组，应提出奖励；对安全生产情况差的班组，应提出批评和建议。要总结经验，吸取教训，这样才能达到安全检查的目的。

六、班组事故预案演练活动

事故预案是班组成员根据岗位中的工作内容预测可能发生的事故，并运用科学的安全管理方法，找出可行的预防措施以及事故发生后的应急处理方案的一种班组安全管理方式。班组作为生产安全事故最直接的接触层，也是生产安全事故救援方案的重要执行者，其成员最有可能成为生产安全事故的受害者，因此班组级生产安全事故预案的重点在于结合现场生产实际，做好每班的事故预想，并不断进行讨论、补充和修订。

（一）事故预案

1. 事故预案的制订步骤

（1）细分工作内容和事故

尽管多数班组从事的工作和使用的工具设备等相对固定，但由于生产的需要，班组的工作也会根据生产需要作相应的调整。为了便于预测事故，必须把工作内容细化，如"清扫皮带积料""搭脚手架""加工超长工件""抽煤气盲板"等。

有的工作内容可能容易引发几种类型的事故，此时应分析事故发生的概率或伤害程度，对发生概率最大的事故或伤害程度最重的事故优先进行预测分析。例如，某厂机修车间车工班，工作任务是加工螺纹，可能发生的事故有绞伤、砸伤、刺伤、铁屑伤眼、摔伤等，根据历年事故统计，绞伤发生的概率最大、伤害程度最重，因此优先对绞伤事故进行分析，然后再对其他类型的事故分别进行分析。

（2）制定可行的预防措施

产生事故的原因有许多种，人、物、环境及其他一些因素都可能导致事故的发生，要针对不同的原因分别找出预防措施。

（3）确定事故发生后的"处理方法"

尽管事故预案制定了预防措施，但如果措施未落实或因其他个人因素，如员工患病、饮酒、打闹等，仍然会导致事故的发生，因此，一定要根据现场实际情况沉着冷静地采取正确的方式，把事故损失降到最低限度，尽可能避免事故的扩大。以绞伤为例，其处理方法如下。

◆立即停车，挂空挡。

◆盘车立即退出伤者，严禁拽拉伤者，避免伤情扩大，并及时送往医院抢救。

◆保护事故现场，立即报告安全部门或上级有关部门。

2.制定事故预案时的注意事项

做好事故预案工作，还应做到以下几点。

（1）事故预案必须经过班组集体讨论，共同想办法、提建议，员工对预案的具体内容必须清楚明白。

（2）预防措施必须做到条条落实。

（3）安全人员要经常到班组指导工作，加强考核。

（4）事故预案的内容要针对实际，与班组工作融为一体，与安全操作规程相结合，形成一个整体。只有这样，才能真正发挥事故预案应有的作用。

（二）应急演练

对于突发事故应急救援，需要定期、有计划地进行演练，从而加强应急指挥部及现场各成员之间的协同配合，提高应对突发事故的组织指挥、快速响应及处置能力，打造安全稳定的现场环境。

1.应急演练的目的

应急演练有五大目的，如表 8-18 所示。

表 8-18 应急演练的五大目的

序号	目的	说明
1	检验预案	通过开展应急演练，查找事故预案中存在的问题，进而完善事故预案，提高事故预案的可用性和可操作性
2	完善准备	通过开展应急演练，检查应对突发事件所需的应急队伍、物资、装备、技术等方面的准备情况，及时发现不足并予以调整、补充，真正做好应急准备工作
3	锻炼队伍	通过开展应急演练，增强演练组织部门、参与部门和部门人员对事故预案的熟悉程度，提高队伍应急处置能力

序号	目的	说明
4	磨合机制	通过开展应急演练，进一步明确相关部门和人员的职责，完善应急机制
5	科普宣传	通过开展应急演练，普及应急知识，提高员工风险防范意识和应对突发事故时自救、互救的能力

2. 应急演练的基本要求

（1）结合实际，合理定位。紧密结合应急管理工作实际，明确演练目的，根据资源条件确定演练方式和规模。

（2）着眼实战，讲求实效。以提高应急指挥人员的指挥协调能力、应急队伍的实战能力为着重点，重视对演练效果及组织工作的评估，总结推广好的经验，及时整改存在的问题。

（3）精心组织，确保安全。围绕演练目的，精心策划演练内容，周密组织演练活动，严格遵守相关安全措施，确保参与演练的人员及演练装备、设施的安全。

（4）各部门要根据自身特点制订应急演练方案并交安全部审核，演练方案应包括演练部门、时间、地点、演练步骤等内容。

（5）预案演练完成后应对此次演练内容进行评估，填写"应急预案评审记录表"和"应急预案演练登记表"。

扫码听课

通过学习本书内容，想必您已经了解和掌握了不少相关知识，为了巩固您对本书内容的理解，便于今后工作中的应用，达到学以致用的目的，我们特意录制了相关视频课程，您可以扫描下面的二维码进行观看。

1.课程介绍	2.班组长在企业中的位置	3.班组长的角色	4.班组长的职责
5.班组长的作用	6.班组长的素质要求	7.华为"十要十不要"	8.适合班组长的领导方式
9.向华为学习员工管理	10.处理情绪不满员工的十大招数	11.何时培训员工	12.丰田人才333工程打造全能工

13. 如何打造学习型班组　　14. JI 工作教导四步骤　　15. JI 教三练四　　16. 高效沟通的方式和原则

17. 班组长的高效三级沟通　　18. 下达命令的五步骤十字诀　　19. 班组长一日作业流程　　20. 如何进行交接班（一）

21. 如何进行交接班（二）　　22. 如何让合理化建议作用最大化（一）　　23. 如何让合理化建议作用最大化（二）